妇女权益保障
法 律 读 本

主　编　刘艳红
副主编　杨志琼
参　编　刘　春　冀　洋　徐　彰
　　　　周忠学　夏　伟

WUHAN UNIVERSITY PRESS
武汉大学出版社

图书在版编目(CIP)数据

妇女权益保障法律读本/刘艳红主编 . —武汉:武汉大学出版社,2017.9(2020.9 重印)
ISBN 978-7-307-19518-9

Ⅰ.妇… Ⅱ.刘… Ⅲ.妇女权益保障法—中国 Ⅳ.D923.8

中国版本图书馆 CIP 数据核字(2017)第 187601 号

责任编辑:钱 静 责任校对:李孟潇 版式设计:马 佳

出版发行:**武汉大学出版社** (430072 武昌 珞珈山)
(电子邮箱:cbs22@ whu.edu.cn 网址:www.wdp.com.cn)
印刷:武汉鑫佳捷印务有限公司
开本:880×1230 1/32 印张:4.75 字数:109 千字 插页:1
版次:2017 年 9 月第 1 版 2020 年 9 月第 5 次印刷
ISBN 978-7-307-19518-9 定价:18.00 元

目　　录

上编　妇女权益的政府保障

一、妇女的政治权利与发展权利

妇女有平等参与选举村民委员会成员的权利

村民委员会作为农村的自治机构，无疑有着极高的权威与地位。长期以来，农村妇女进入村委会担任职务是直接显示其政治地位提高的标志之一，也是维护自身权利的手段之一。下面就是某市 2008 年村委会换届选举以及 2011 年全国村民委员会成员中的女性比例情况。

【案例 1】

　　某市 634 个村，有 302 个村"两委"中有女性，占总数的 47.6%，比上届增长 2.8%，其中 152 个村党支部有女性，191 个村委会有女性。全市共当选村两委委员 3503 人，其中女性 328 人，占干部总数的 9.4%。当选的 328 名女性中，有 163 人进入村党支部委员会，其中 29 人担任村支部书记，比上届增加 1 人；有 205 人进入村委会，其中 11 人担任村委会主任，与上届基本持平。在当选的村两委女干部中，新进 122 人，占 37.4%。634 名村妇代会主任中有 278 名进入村"两委"，占 43.8%。进入村"两委"的女干部中，有 29 人任村支部书记，比换届前增加 1 人，13 人任副书记。11 人任村委主任，15 人任副主任。

（案例来源：《"某市第六届村两委"换届选举女性参政情况的调研报告》，http://www.02edu.com/gongzuobaogao/diaoyan/332195.html，2015 年 10 月 8 日）

【案例 2】

截至 2011 年年底，全国村民委员会成员中女性比例达到 21.97%，较 2005—2007 年村委会换届后提高了 4.35%。妇女进村"两委"比例从 2008 年的 20% 左右提高到 2012 年的 90% 左右。据不完全统计，目前全国有 17 个省区市在地方法规文件中明确提出村委会成员中至少要有 1 名女性。在最近一轮村"两委"换届选举中，有 14 个省区市采取专职专选等措施选举产生妇女委员或妇女候选人，有 26 个省区市村"两委"女干部配备率超过 90%。

（案例来源：《党群共建 创先争优 推动妇联组织工作创新发展》，载《中国妇运》2013 年第 7 期）

我国《宪法》第 33 条第 2 款规定，"中华人民共和国公民在法律面前一律平等"。第 48 条规定："中华人民共和国妇女在政治的、经济的、文化的、社会的和家庭的生活等各方面享有同男子平等的权利。"这些规定使农村妇女参与"两委"选举、进村"两委"有了根本依据。

《妇女权益保障法》对妇女参与"两委"选举、进村"两委"也作了规定。该法第 2 条第 1 款规定，"妇女在政治的、经济的、文化的、社会的和家庭的生活等各方面享有同男子平等的权利"。第 10 条第 1 款规定，"妇女有权通过各种途径和形式，管理国家事务，管理经济和文化事业，管理社会事务"。第 11 条规定，"妇女享有与男子平等的选举权和被选举权……居民委员会、村民委员会成员中，妇女应当有适当的名额"。可见，《妇女权益保障法》不仅重申了《宪法》的妇女权利，而且规定了实现的方法，即通过各种途径和形式，管理国家事务，管理经济和文化事业，管理社会事务。第 11 条更是针对妇女在农村村民委会的选举，提出了相对具体的要求，即妇女在村民委员会成员中应当有适当的名额。

而作为农村管理的基本法律，《村民委员会组织法》也在第 6 条第 1、2 款规定，"村民委员会由主任、副主任和委员共 3 至 7 人组成。村民委员会成员中，应当有妇女成员，多民族村民居住的村应当有人数较少的民族的成员"。本条与《妇女权益保障法》第 11 条相结合，使得妇女在村民委员会的选举有了可操作性，更能保护妇女的合法权益，保障妇女参与农村事务的管理权利。这为妇女参与农村村民委员会的选举并成为其组成人员提供了法律保障。

◎**法条链接：**

——《中华人民共和国宪法》

第 48 条　中华人民共和国妇女在政治的、经济的、文化的、社会的和家庭的生活等各方面享有同男子平等的权利。

——《中华人民共和国妇女权益保障法》

第 2 条第 1 款　妇女在政治的、经济的、文化的、社会的和家庭的生活等各方面享有同男子平等的权利。

第 10 条第 1 款　妇女有权通过各种途径和形式，管理国家事务，管理经济和文化事业，管理社会事务。

第 11 条第 1 款　妇女享有与男子平等的选举权和被选举权。

——《中华人民共和国村民委员会组织法》

第 6 条　村民委员会由主任、副主任和委员共 3 至 7 人组成。

村民委员会成员中，应当有妇女成员，多民族村民居住的村应当有人数较少的民族的成员。

对村民委员会成员，根据工作情况，给予适当补贴。

更多的妇女被提拔为国家干部

为了保障妇女权益，有效实现男女平等，妇女不仅有特殊的建议权，而且在村民委员会、居民委员会担任一定的职务。更为重要的是，有更多的妇女被提拔为国家干部。

2012 年，云南漾濞县一次性提拔 9 名乡科级领导干部，8 名女性和 1 名男性，其中，两位女大学生村官直接提拔为乡科级。同一批次提拔，女干部达九成。

2012 年这次公告竞争性选拔的职位本来有 18 个，其中正科级职位 2 个、副科级职位 16 个。正科级职位面向全县党政群机关、国有企事业单位符合选拔职位基本条件、资格和职位要求的在编在岗人员进行竞争性选拔；副科级职位面向大理州各级党政群机关、国有企事业单位符合选拔职位基本条件、资格、职位要求的在编在岗人员和符合选拔职位基本条件、资格、职位要求的大学生村官进行竞争性选拔，并要求符合条件的报名人数与选拔职位的比例一般不低于 8∶1。凡获准参加笔试的人数不足 8 人的职位，该职位不再进行竞争性选拔，报考人员可改报其他职位。有 9 个职位达到开考要求条件，其他 9 个职位因报名人数不足而没有开考。开考的 9 个职位有 107 人取得考试资格，105 人参加了笔试。根据应试人员考试综合成绩，按照考察人选与选拔职位 3∶1 的比例从高分到低分的顺序确定每个职位的考察人选进入体检，经体检合格后共确定 27 名考察对象。通过笔试、面试、考察，研究决定了 9 名拟提拔任职人选并进行公示。这次竞争性选拔干部工作全程接受纪检监察部门、保密部门和干部群众的监督，公开选拔职位、公开职位条件、公开报名人数、公开工作程序、公开每个阶段结果，可以保证整个选拔工作公平、公正，是严格按照组织程序进行的，经得起推敲和检验。

本次漾濞县提拔干部男女比例为 1∶8，是一个偶然现象，竞争者的考评数据等可以说明提拔和任用并无违规。实际上，不仅在漾濞县 2012 年进行的竞争性干部选拔中，女性竞争者更胜一筹，而且这也是目前公务员招考选拔中时常会遇到的现象，包括在全国范围内。根据可查数据和媒体报道，事业单位和公务员招考，最终选拔的男女性别比例大概在 1∶4 到 1∶5 左右。

（案例来源：《云南漾濞提拔 9 名干部 8 名为女性称系偶然》，新华网：http://news. xinhuanet. com/politics/2013-05/07/c_124672296. htm，2015 年 10 月 10 日）

女性凭着自己的努力，在最初的国家干部选拔中表现优秀，因此，有越来越多的女性被提拔为国家干部。对此，《妇女权益保障法》第 12 条规定，"国家积极培养和选拔女干部。国家机关、社会团体、企业事业单位培养、选拔和任用干部，必须坚持男女平等的原则，并有适当数量的妇女担任领导成员"，从法律上保障了妇女的权益。

◎法条链接：

——《中华人民共和国妇女权益保障法》
第 12 条 国家积极培养和选拔女干部。
国家机关、社会团体、企业事业单位培养、选拔和任用干部，必须坚持男女平等的原则，并有适当数量的妇女担任领导成员。

国家重视培养和选拔少数民族女干部。

妇女培训使"锅台巧妇"变为"创业新军"

　　妇女教育权利的实现，不仅指普通教育的平等对待，更要延伸到职业能力的培训上。只有这样，才有利于妇女的自立、自强，才能有效保障她们的权益，这既需要她们自己的努力，也需要社会与政府承担相应的责任。

　　在闽北山区建瓯市，53万人口中，妇女约有26万人。其中，下岗失业女工和农村富余女劳力共有2.6万多人。如何让这些富余女劳动力有序转移？建瓯市妇联主席江淑云说："对于建瓯来说，要靠发展产业，以产业带动富余劳动力就近就业。"为了提高妇女的就业技能，建瓯市创新劳动力培训工作机制，以技能培训为突破口，采取技能培训、技能鉴定、推荐就业"三位一体"的运作方式，使大批富余劳动力平稳地实现就业转移。在建瓯市劳动就业服务中心，来自全市各地的32名妇女正参加家政服务培训班的授课。这些学员将参加职业技能考试。考试合格，将发放国家职业技能鉴定证书，并向各地推荐就业。以往办培训班，只是办班部门发结业证、毕业证，这种证件一般只是"地方粮票"，只能在本地区通用。为了拓宽农村劳动力的就业门路，建瓯大力鼓励符合条件的行业、协会等成立国家职业技能鉴定站。农村劳动力只要完成培训，就由职业技能鉴定站对其进行考核鉴定。考核合格的，颁发全国劳动保障部门统一制定的职业资格合格证书。

　　同时为了便于妇女培训，建瓯市有关部门改变了培训地点。以前，培训班总办在城里，农民要参加培训，在饮食、住宿等方面有诸多困难。现在不一样了，该市请来技术老师到村场、企业去，就近办班培训，而且培训时间、地点机动灵活，农村劳动力尤其是妇女可随时随地参加。

　　为了提高农村妇女依靠科技增收致富的能力，该市还结合实施"巾帼科技培训"工程，举办各种技术培训班，邀请农业、林业、劳动等部门专家，为农户提供产前、产中、产后的技术服务。仅 2011 年，各乡镇街道妇联就举办实用技术培训班 50 多期，培训妇女达 3000 余人次。东游镇的叶某，目前在某木业有限公司上班。"像我这样的农村妇女也能不出村就上班了！路上只要 5 分钟，不耽误给孩子做饭和照顾老人，挣钱顾家两不误。"建瓯的笋竹、根雕、食品等产业迅猛发展，带来了成千上万个就业岗位，使许多农村富余劳动力勇敢地走出家门，到企业打工或创业，实现人生梦想。据统计，2011 年，该市就有 1460 人通过技能鉴定，取得职业资格证书，就业率达 90%以上。

　　同时，以创业带动就业是建瓯转移农村劳动力的新举措。吉阳镇的张某通过培训后，于 2010 年创办了"心连心家政服务中心"，不仅自己就业问题解决了，而且还为 200 多名农村妇女提供就业门路。在她的帮助下，小松镇小松村妇女吴某给人当月嫂，月收入高达 5000 元以上。

　　（案例来源：《昔日"锅台巧妇"，今日"创业新军"》，http：//www. szdj. gov. cn/Item/Show. asp？m＝1&d＝5418，2015 年 10 月 16 日）

政府有关部门根据妇女实际需要，积极开展妇女培训与推动妇女创业工作，正是基于《妇女权益保障法》第20条："各级人民政府和有关部门应当采取措施，根据城镇和农村妇女的需要，组织妇女接受职业教育和实用技术培训"的规定。对于妇女的培训，不仅有法律依据，而且有具体政策的支持。2010年1月20日发布的《教育部、全国妇联关于做好农村妇女职业教育和技能培训工作的意见》要求，积极开展农村妇女技能培训，"要充分发挥教育系统的场地、师资和设施等优势，根据农村妇女的特点和需求，因地制宜地开展不同层次、多种形式的技能培训。一是开展农业科技培训。围绕我国现代农业发展需求，根据产业结构调整和优势农产品区域布局规划，有针对性地对农村妇女开展农业科技培训，着力开展农业新品种新技术培训与推广，提高她们现代农业技术和标准化生产知识，培养一大批农村女科技带头人、农民专业合作社女领办人和农产品流通女经纪人。二是开展转移就业培训。进一步加大城乡统筹发展力度，大力开发适合农村妇女就业的服务业和社区公益岗位，着力开展适合妇女就业的家政、社区公共服务等方面的转移就业培训，着力提高广大妇女的转移就业能力。同时，根据当地产业发展的需要，积极组织她们参与农产品加工业、手工编织业等特色产业的培训，帮助农村妇女实现就地就近就业。三是开展创业培训。针对当前部分地区土地流转后出现规模经营和返乡妇女增加的情形，积极组织女能人、女科技带头人、有创业意愿和能力的返乡妇女等进行创业培训，主要开展生产技能、市场意识及经营管理能力培训，着力提高女性创业者的技能、意识、能力和素质"。

◎**法条链接:**

——《中华人民共和国妇女权益保障法》

第 20 条　各级人民政府和有关部门应当采取措施，根据城镇和农村妇女的需要，组织妇女接受职业教育和实用技术培训。

二、妇女婚姻自由权利保障

婚姻登记机关的审查义务

　　李某与王某于 2001 年 11 月 8 日登记结婚。2007 年 5 月 25 日，李某向法院起诉，要求与王某离婚。后法院判决离婚，但王某提起上诉。2007 年 8 月 28 日，该离婚案件正在进行二审诉讼期间，王某和第三人向某区民政局申请结婚登记，并提供了身份证和户口簿，同时声明自己的婚姻状况为"离婚"。当天，某区民政局经审查，认为王某、第三人符合结婚条件，遂为他们办理了结婚登记。李某认为某区民政局在王某的离婚判决尚未生效的情况下为其办理结婚登记，应属无效，于 2007 年 11 月将民政局告上法庭，要求撤销"无效登记"。

　　一审法院认为，某区民政局具有作出结婚登记行为的法定职权。王某、第三人持本人的户口簿和身份证，并在签字声明"本人与对方均无配偶"后办理结婚登记，虽然符合《婚姻登记条例》第 5 条第 1 款的规定，但由于当时真实的情况是王某与李某尚未离婚，仍属于王某有配偶的情形。某区民政局认为王某、第三人符合结婚条件，作出准予登记行为不符合《婚姻登记条例》第 6 条第（三）项"一方或者双方已有配偶的，婚姻登记机关不予登记"的规定，系无效登记行为。法院判决确认某区民政局 2007 年 8 月 28 日作出的准予结婚登记行为无效。

宣判后，某区民政局不服，认为根据民政部《关于贯彻执行〈婚姻登记条例〉若干问题的意见》第 3 条的规定，登记机关审查婚姻状况的主要依据是其本人书面声明。王某已签字声明"本人与对方均无配偶"，故民政局对婚姻登记的审查是符合规定的。

李某辩称，在婚姻登记时，王某的户口状态为已婚，而登记机关仅凭王某的本人声明就认为其已离婚，与事实不符，故原审判决确认无效是正确的。

二审法院认为，婚姻登记机关在办理结婚登记时，发现当事人声明为"未婚"，而户口簿登记状态为"已婚"，就不应单纯依据其本人书面声明而不尽谨慎审查义务，因为民政部《关于贯彻执行〈婚姻登记条例〉若干问题的意见》第 3 条规定的是"主要"依据本人的书面声明，并未规定"只"依据本人的书面声明。该意见所称的书面声明应为有效的书面声明。

目前，结婚登记只能在民政部门办理，离婚可以在民政部门或法院办理，如当事人在民政部门办理的离婚，再婚时本人应出具离婚证；如当事人在法院办理的离婚，在再婚时应出具已生效的裁判文书来证明其婚姻状况。本案中，区民政局仅仅根据王某本人书面陈述的说明即认定婚姻状态为未婚，不符合办理登记条件的当事人办理了婚姻登记，明显不符合《婚姻登记条例》规定。因此本案中二审法院于最后驳回上诉，维持原判。

（案例来源：《离婚判决没生效就再婚，婚姻登记机关成被告》，http：//www. maxlaw. cn/p-bjshyjcls-com/artview/832418218223，2015 年11 月 18 日）

本案的焦点是婚姻登记机关的审查义务。在我国，婚姻登记机关所进行的是形式审查，只要形式符合《婚姻登记条例》的要求，就可以发结婚证。但婚姻登记时，婚姻登记机关应当尽到多大程度的审查义务呢？

《婚姻登记条例》第 5 条第 1 款规定，"办理结婚登记的内地居民应当出具下列证件和证明材料：（一）本人的户口簿、身份证；（二）本人无配偶以及与对方当事人没有直系血亲和三代以内旁系血亲关系的签字声明"。第 6 条规定，"办理结婚登记的当事人有下列情形之一的，婚姻登记机关不予登记：（一）未到法定结婚年龄的；（二）非双方自愿的；（三）一方或者双方已有配偶的；（四）属于直系血亲或者三代以内旁系血亲的；（五）患有医学上认为不应当结婚的疾病的"。第 7 条规定，"婚姻登记机关应当对结婚登记当事人出具的证件、证明材料进行审查并询问相关情况。对当事人符合结婚条件的，应当当场予以登记，发给结婚证；对当事人不符合结婚条件不予登记的，应当向当事人说明理由"。

民政部颁布的《关于贯彻执行〈婚姻登记条例〉若干问题的意见》第 3 条规定，"当事人"所持户口簿与身份证上的"姓名"、"性别"、"出生日期"内容不一致的，婚姻登记机关应告知当事人先到户籍所在地的公安部门履行相关项目变更和必要的证簿换领手续后再办理婚姻登记。当事人声明的婚姻状况与户口簿"婚姻状况"内容不一致的，婚姻登记机关对当事人婚姻状况的审查主要依据其本人书面声明。

从以上可以看出，《婚姻登记条例》第 5 条确实没有要求结婚需要单位开具婚姻状况证明，这方便了当事人办理登记手续，但第 7 条规定，"婚姻登记机关应当对结婚登记当事人出具的证件、证明材料进行审查并询问相关情况"，因此婚姻登记机关的审查应是实质性的形式审查，即要求所提供的材料之间没有矛盾。本案中，婚姻登记机关在审查时既然已注意到王某的户口簿上写明的婚姻状态为已婚，就应当尽到审查的义务，要求其出具反驳户口簿登记为已婚的有效凭证，但登记机关却以个人的声明作为否定的依据，作出了当事人系未婚状态的认定，明显不符合《婚姻登记条例》第 7 条的规定。尽管根据民政部的《关于贯彻执行〈婚姻登记条例〉若干问题的意见》第 3 条第 2 款的规定婚姻登记机关对当事人婚姻状况的审查主要依据其本人书面声明，但还需必要的证据。案例中婚姻登记机关没有要求当事人提供相应证据，即没尽到形式的实质审查义务而错误地发给王某结婚证。

婚姻登记行为是关系公民婚姻的大事，婚姻登记机关则是处理公民婚姻的主要机关，其对登记行为的审查原则，关系到千家万户的婚姻状态、财产状态。依据法律规定及日常生活法则，婚姻登记机关应对婚姻登记行为尽到实质性审查的义务。对于法院判决离婚的，在再婚时应出具裁判文书来证明其婚姻状况，并证明裁判文书为已生效判决。

◎**法条链接：**

——《婚姻登记条例》

第 5 条第 1 款　办理结婚登记的内地居民应当出具下

列证件和证明材料：

（一）本人的户口簿、身份证；

（二）本人无配偶以及与对方当事人没有直系血亲和三代以内旁系血亲关系的签字声明。

第6条　办理结婚登记的当事人有下列情形之一的，婚姻登记机关不予登记：

（一）未到法定结婚年龄的；

（二）非双方自愿的；

（三）一方或者双方已有配偶的；

（四）属于直系血亲或者三代以内旁系血亲的；

（五）患有医学上认为不应当结婚的疾病的。

第7条　婚姻登记机关应当对结婚登记当事人出具的证件、证明材料进行审查并询问相关情况。对当事人符合结婚条件的，应当当场予以登记，发给结婚证；对当事人不符合结婚条件不予登记的，应当向当事人说明理由。

——《关于贯彻执行〈婚姻登记条例〉若干问题的意见》

三、关于身份证、户口簿查验问题

当事人所持户口簿与身份证上的"姓名"、"性别"、"出生日期"内容不一致的，婚姻登记机关应告知当事人先到户籍所在地的公安部门履行相关项目变更和必要的证簿换领手续后再办理婚姻登记。

当事人声明的婚姻状况与户口簿"婚姻状况"内容不一致的，婚姻登记机关对当事人婚姻状况的审查主要依据其本人书面声明。

未经结婚登记即以夫妻名义同居
生活，受法律保护吗？

甲某与乙某经人介绍相识，于 2002 年 4 月 20 日按地方风俗举行了结婚仪式，但未办理结婚登记，随后双方以夫妻名义同居。后双方因生活琐事发生争吵，甲某外出打工，在外与丙某相识，并与丙某办理结婚登记。乙某得知后，向法院提起自诉，要求追究甲某重婚罪的刑事责任。本案在处理过程中，对甲某行为的定性存在两种意见：一种意见认为，由于甲某与乙某未办理结婚登记，双方的夫妻关系不受法律保护，故甲某的行为不构成重婚罪；另一种意见认为，甲某与乙某虽未办理结婚登记，但双方是以夫妻名义同居，构成事实婚姻，故甲某的行为构成重婚罪。

（案例来源：《甲某的行为能否认定为重婚罪？》，载《人民司法》2006 年第 9 期，第 109 页）

本案例中，首先看甲某与乙某是否存在合法的婚姻关系。合法婚姻关系一种是经过婚姻登记机关登记的婚姻，还有一种是事实婚姻关系，事实婚姻与合法登记婚姻一样有法律上的意义。

事实婚姻指没有配偶的男女，未进行结婚登记，便以夫妻关系同居生活，群众也认为是夫妻关系的两性结合。事实婚姻是特殊时期的权宜之举。最高人民法院在 2001 年 12 月 24 日

发布《关于适用〈中华人民共和国婚姻法〉若干问题的解释
（一）》，该解释第 5 条规定，"未按婚姻法第八条规定办理结
婚登记而以夫妻名义共同生活的男女，起诉到人民法院要求离
婚的，应当区别对待：（一）1994 年 2 月 1 日民政部《婚姻登
记管理条例》公布实施以前，男女双方已经符合结婚实质要
件的，按事实婚姻处理；（二）1994 年 2 月 1 日民政部《婚姻
登记管理条例》公布实施以后，男女双方符合结婚实质要件
的，人民法院应当告知其在案件受理前补办结婚登记；未补办
结婚登记的，按解除同居关系处理"。

　　从最高人民法院的婚姻法司法解释可以看出，事实婚姻被
法律承认效力是有条件的：第一，时间条件，同居事实在
1994 年 2 月 1 日民政部《婚姻登记管理条例》公布实施以前。
第二，实质条件，同居时要符合结婚的实质条件。根据《婚
姻法》，结婚的实质条件是：结婚必须男女双方完全自愿，不
许任何一方对他方加以强迫或任何第三者加以干涉；结婚年
龄，男不得早于 22 周岁，女不得早于 20 周岁，晚婚晚育应予
鼓励；要结婚的男女双方不是直系血亲和三代以内的旁系血
亲，未患有医学上认为不应当结婚的疾病。

　　本案例中，甲某与乙某是在 2002 年 4 月 20 日未办理结婚
登记而同居的，不符合事实婚姻的时间条件，因此二人的同居
不构成事实婚姻，是一种非法同居关系。所以后来甲某与丙某
结婚时，甲某不构成重婚罪。重婚罪，是指有配偶又与他人结
婚或者明知他人有配偶而与之结婚的行为。如果夫妻关系已经
解除，或者因配偶一方死亡，夫妻关系自然消失，即不再是有
配偶的人。所谓明知他人有配偶而与之结婚的，是指本人虽无
配偶，但明知对方有配偶，而故意与之结婚的（包括登记结

婚或者事实婚）。此种行为是有意破坏他人婚姻的行为。甲某没有法律上的配偶关系，只有与乙某的非法同居关系，只受到道德上的谴责，不受法律上的惩罚。[①]

本案例给我们的启示是，一定要到婚姻登记机关登记，让法律来保护自己的权益。因为结婚登记是结婚的必经法律程序，不经登记就以夫妻名义同居，事实上就是非婚姻状态，其形式和内容都无法受到法律的有效保护。

◎ **法条链接：**

——最高人民法院《关于适用〈中华人民共和国婚姻法〉若干问题的解释（一）》

第 5 条　未按婚姻法第八条规定办理结婚登记而以夫妻名义共同生活的男女，起诉到人民法院要求离婚的，应当区别对待：

（一）1994 年 2 月 1 日民政部《婚姻登记管理条例》公布实施以前，男女双方已经符合结婚实质要件的，按事实婚姻处理；

（二）1994 年 2 月 1 日民政部《婚姻登记管理条例》公布实施以后，男女双方符合结婚实质要件的，人民法院应当告知其在案件受理前补办结婚登记；未补办结婚登记的，按解除同居关系处理。

---

① 参考覃英：《论无效婚姻与可撤销婚姻是婚姻》，载《通化师范学院学报》2006 年第 9 期，第 45 页。

未办理结婚登记，如何办理离婚手续？

通常，男女双方离婚的前提是在婚姻登记部门办理了合法的结婚登记。但在实践中，常常出现当事人未办理结婚登记的现象。这种情况下，又该如何办理离婚手续呢？

张男与李女于 1986 年 5 月 1 日未办结婚登记即以夫妻名义同居生活，乡亲邻里纷纷前来祝贺。当时张男为 23 周岁，李女为 19 周岁，自 1989 年 1 月起，李女与邻居丙男多次发生不正当关系，被张男发觉后双方感情迅速恶化。1990 年 2 月，张男向当地人民法院起诉，要求与李女离婚。李女在答辩中坚决不同意离婚，后来又改变了态度，声称离婚也可以，但要求与张男依法分割夫妻共同财产 20000 元，房产 4 间。本案该如何处理？

本案首先要确定张、李二人的同居关系是否婚姻关系。同居关系主要是指男女双方未办理结婚登记而以夫妻名义居住在一起。虽然同居是双方自愿选择的一种生活方式，但是解除同居关系牵扯到子女抚养、财产分割以及以后再婚等问题，必须慎重处理。因为现行法律、法规及司法解释均未规定同居关系如何解除。因而在实践中，均是参照婚姻关系的解除办理。张男与李女于 1986 年 5 月 1 日未办结婚登记，即以夫妻名义同居生活，所以本案处理要根据 1986 年 3 月 15 日颁布实施的《婚姻登记办法》。

最高人民法院在 1989 年 11 月 21 日对此种情况专门有一个答复，即最高人民法院《关于人民法院审理未办结婚登记而以夫妻名义同居生活案件的若干意见》第2条规定，"1986年3月15日《婚姻登记办法》施行之后，未办结婚登记手续即以夫妻名义同居生活，群众也认为是夫妻关系的，一方向人民法院起诉'离婚'，如同居时双方均符合结婚的法定条件，可认定为事实婚姻关系；如同居时一方或双方不符合结婚的法定条件，应认定为非法同居关系"。事实婚姻是指没有配偶的男女，未进行结婚登记，便以夫妻名义共同生活，群众也认为是夫妻关系的两性结合。它是相对于合法登记的婚姻而言的，事实婚姻未经依法登记，本质上属于违法婚姻，但考虑到我国的现实国情，为了维持一定范围内人口婚姻关系的稳定，国家对未办理结婚登记而以夫妻名义同居生活的男女双方之间的关系有条件地予以认可，这就产生了"事实婚姻"这一概念。

本案中二人同居时，李女19周岁，未达到《婚姻法》第6条规定的结婚年龄（男不得早于22周岁，女不得早于20周岁）。因此，张、李二人不能被认定事实婚姻关系，而是一种同居关系，对乙女分割夫妻共同财产的要求不予支持。理由是因双方为非法同居关系，解除时，同居生活期间双方共同所得的收入和购置的财产，不适用《婚姻法》第39条规定的，"离婚时，夫妻的共同财产由双方协议处理；协议不成时，由人民法院根据财产的具体情况，照顾子女和女方权益的原则判决"，只能按一般共有财产处理。

本案中二人同居时，如果李女20周岁以上，根据最高人民法院《关于人民法院审理未办结婚登记而以夫妻名义同居生活案件的若干意见》第2条的规定，二人则形成事实婚姻关系，那么就可以适用《婚姻法》第39条，支持李女的主张。

实际上，由于同居时间的不同，相关法律也处于变化之中。如最高人民法院《关于适用〈中华人民共和国婚姻法〉

23

若干问题的解释（一）》第5条规定，"未按婚姻法第八条规定办理结婚登记而以夫妻名义共同生活的男女，起诉到人民法院要求离婚的，应当区别对待：（一）1994年2月1日民政部《婚姻登记管理条例》公布实施以前，男女双方已经符合结婚实质要件的，按事实婚姻处理。（二）1994年2月1日民政部《婚姻登记管理条例》公布实施以后，男女双方符合结婚实质要件的，人民法院应当告知其在案件受理前补办结婚登记；未补办结婚登记的，按解除同居关系处理"。

本案中，不论同居多长时间，一律只按同居关系处理，处理时不需要办理离婚手续，只要结束同居生活即可，双方可对同居期间的财产进行分割；如果有孩子的，协商确定孩子的抚养权，孩子的抚养权归一方的情况下，另一方需要每月支付一定的抚养费。

◎**法条链接：**

——《中华人民共和国婚姻法》

第6条 结婚年龄，男不得早于二十二周岁，女不得早于二十周岁。晚婚晚育应予鼓励。

第39条 离婚时，夫妻的共同财产由双方协议处理；协议不成时，由人民法院根据财产的具体情况，照顾子女和女方权益的原则判决。

夫或妻在家庭土地承包经营中享有的权益等，应当依法予以保护。

——最高人民法院《关于人民法院审理未办结婚登记而以夫妻名义同居生活案件的若干意见》

第2条 1986年3月15日《婚姻登记办法》施行之后，未办结婚登记手续即以夫妻名义同居生活，群众也认为是夫妻关系的，一方向人民法院起诉"离婚"，如同居时双方均符合结婚的法定条件，可认定为事实婚姻关系；如同居时一方或双方不符合结婚的法定条件，应认定为非法同居关系。

——最高人民法院《关于适用〈中华人民共和国婚姻法〉若干问题的解释（一）》

第 5 条　未按婚姻法第八条规定办理结婚登记而以夫妻名义共同生活的男女，起诉到人民法院要求离婚的，应当区别对待：

（一）1994 年 2 月 1 日民政部《婚姻登记管理条例》公布实施以前，男女双方已经符合结婚实质要件的，按事实婚姻处理。

（二）1994 年 2 月 1 日民政部《婚姻登记管理条例》公布实施以后，男女双方符合结婚实质要件的，人民法院应当告知其在案件受理前补办结婚登记；未补办结婚登记的，按解除同居关系处理。

三、妇女劳动权利与土地权利的保护

"岗位只限男性"或"男士优先"合法吗？

不少用人单位（含私人企业、事业单位、国家机关）在招聘时，对男女设置不同的招录条件，比如，注明"该岗位只限男性"或"男士优先"，这实质上侵犯了女性的平等就业权，属于违法行为。广大女性在遭受此种歧视时，应当拿起法律武器维护自己的合法权益，争取更加公平的社会就业权利。

女大学生曹某将××教育集团投诉到北京市海淀区人力资源和社会保障局，同时以"平等就业权被侵害"为由向海淀区法院提起诉讼，理由是这家单位的职位上注明只招"男性"。用人单位因为性别原因拒录自己的行为属于性别歧视，违反了《就业促进法》、《妇女权益保障法》等相关法律法规。请求法院判令被告向原告赔礼道歉，并赔偿5万元的精神损害抚慰金。

侵犯女性公平社会就业权利的事件并不是个案，例如，女大学毕业生黄某在应聘某烹饪学校文案职位时，也多次因"限招男性"的规定被拒，她于是向杭州市西湖区人民法院提起诉讼。要求法院认定该烹饪学校存在性别歧视，并且要求其赔偿原告黄某精神损害抚慰金 2000 元。

（案例来源：中国网：http：//www. china. com. cn/info/2013-12/19/content_ 30939524. htm，2015 年 12 月 20 日）

我国《妇女权益保障法》第 22 条规定，"国家保障妇女享有与男子平等的劳动权利和社会保障权利"。第 23 条第 1 款规定，"各单位在录用职工时，除不适合妇女的工种或者岗位外，不得以性别为由拒绝录用妇女或者提高对妇女的录用标准"。劳动部《关于〈中华人民共和国劳动法〉若干条文的说明》第 13 条第 1、2 款规定，"妇女享有与男子平等的就业权利。在录用职工时，除国家规定的不适合妇女的工种或者岗位外，不得以性别为由拒绝录用妇女或者提高对妇女的录用标准。本条中的'平等的就业权利'是指劳动者的就业地位、就业机会和就业条件平等"。而且，《就业促进法》第 3 条也规定，"劳动者依法享有平等就业和自主择业的权利。劳动者就业，不因民族、种族、性别、宗教信仰等不同而受歧视"。

妇女享有与男子平等的就业权，包括：妇女同男子享有同样的参加工作的权利；妇女同男子享有相同的就业的权利；妇女享有同男子一样的自主选择职业的权利。各用人单位在招录员工时，除不适合妇女的工种或者岗位外，不得以性别为由拒绝录用妇女或者提高对妇女的录用标准。

公平就业是妇女的基本权利之一，妇女劳动者有平等就业权、自主择业权以及非歧视就业权，包括劳动者享有平等就业和自主择业权利以及不受歧视的要求。平等就业权包括三层含义：一是任何公民都平等地享有就业的权利和资格，不因民族、种族、性别、年龄、文化、宗教信仰、经济能力等而受到

27

限制；二是在应聘某一职位时，任何公民都平等地参与竞争，任何人不得享有特权，也不得对任何人予以歧视；三是平等不等于同等，平等是指对于符合要求、符合特殊职位条件的人，应给予他们平等的机会，而不是不论条件如何都同等对待。

自主择业权，是指公民可以根据自己的意愿和能力，自主选择从事就业的行业、单位、岗位和工种以及就业形式的权利，并且基于这种就业的自主选择，公民可以在地区之间、城乡之间自由流动，不受行政限制。在行使上述权利时，任何公权力机构和个人不得干涉。选择职业必须有赖于人力资源市场的形成。用人单位不得以性别为由限制女性的自由择业权，除了某些法律明确规定的不适合妇女从事的工作之外。

公民在参与社会活动中，都处于同等的地位，具有相同的人格，享有平等的发展机会。《劳动法》更是明确规定，"劳动者享有平等就业和选择职业的权利"。因此，任何歧视或剥夺他人参与社会关系、社会生活资格的行为，都有悖于法律。

◎**法条链接：**

——《中华人民共和国妇女权益保障法》

第 22 条　国家保障妇女享有与男子平等的劳动权利和社会保障权利。

第 23 条第 1 款　各单位在录用职工时，除不适合妇女的工种或者岗位外，不得以性别为由拒绝录用妇女或者提高对妇女的录用标准。

——劳动部《关于〈中华人民共和国劳动法〉若干条文的说明》

第 13 条　妇女享有与男子平等的就业权利。在录用职工时，除国家规定的不适合妇女的工种或者岗位外，不得以性别为由拒绝录用妇女或者提高对妇女的录用标准。

本条中的"平等的就业权利"是指劳动者的就业地位、就业机会和就业条件平等。

本条中的"国家规定不适合妇女的工种或者岗位"具体规定在劳动部颁布的《女职工禁忌劳动范围的规定》（劳安字〔1990〕2号）中。

——《中华人民共和国就业促进法》

第3条　劳动者依法享有平等就业和自主择业的权利。

劳动者就业，不因民族、种族、性别、宗教信仰等不同而受歧视。

同一工作岗位上，女员工的工资
明显低于男员工，该怎么处理？

刚从大学毕业的姑娘小李和其他应届毕业生一样，在各大招聘市场穿梭，寻找合适自己的工作。但是令她失望的是，在很多符合她专业的职位要求上特意注明了只限男性。好不容易，小李应聘到 A 公司，经过层层面试，被 A 公司录用了。但是在工作了一段时间后，小李无意间从同事那里得知，和她同时被公司录用的其他应届毕业生的工资都比她高。同样的工作内容、同样的工作时间，却有着不同的工资。小李不解，向公司人事部询问，得到的回复却是，因为同时被录用的其他毕业生都是男生，而公司认为小李现在的职位更适合男性来工作。小李不服，与公司发生争议。

解决该争议的主要法律依据是《妇女权益保障法》、《劳动法》和《贯彻男女平等基本国策宣传年实施意见》。《妇女权益保障法》第 24 条规定，"实行男女同工同酬。妇女在享受福利待遇方面享有与男子平等的权利"。《劳动法》第 46 条规定，"工资分配应当遵循按劳分配原则，实行同工同酬"。

从以上的法律规定可知，公司对与男员工在同一岗位的女性员工小李，采取与男员工不同薪酬不同待遇的方法，侵犯了女性劳动者平等取得劳动报酬的权利，是违反国家男女同工同酬的相关法律规定的，该公司应当纠正这种做法，实行男女同工同酬，并补偿小李的工资损失。

◎**法条链接**：

　　——《中华人民共和国妇女权益保障法》

　　第 24 条　实行男女同工同酬。妇女在享受福利待遇方面享有与男子平等的权利。

　　——《中华人民共和国劳动法》

　　第 46 条　工资分配应当遵循按劳分配原则，实行同工同酬。

　　工资水平在经济发展的基础上逐步提高。国家对工资总量实行宏观调控。

女性职工在用人单位如何享有休息休假权利？

　　霍某是服装公司的工人，该公司大部分是女员工。由于订单很多，公司规定：每天至少工作 10 小时，每周正常上班 7 天，法定节假日当天放假半天。即使按照这样的工作时间，工人也无法完成定额。霍某和工友们经常每天工作 12 小时才能完成当日工作。霍某与老板交涉，要求让员工有足够的休息时间。但老板称，实行计件工资，自愿加班没补休。双方因此发生争议。

　　（案例来源：《劳动者：延时加班不加薪，这些权利容易被忽视》，http://news.xinhuanet.com/employment/2010-04/01/c_1262467_2.htm_，2015 年 12 月 26 日）

　　《宪法》第 43 条第 1 款规定："中华人民共和国劳动者有休息的权利。"该争议中，休息休假的权利属于国家《宪法》和法律所保障的劳动者的基本权利之一。休息休假既是公司职工休息权的重要保障，又是劳动保护的一个方面。休息时间包括工作间歇、两个工作日之间的休息时间、公休日、法定节假日以及年休假、探亲假、婚丧假、事假、生育假、病假等。该公司的做法恰恰侵犯了劳动者的休息休假的权利。同时，《劳动法》也作了相应的规定。该法第 36 条规定，"国家实行劳动者每日工作时间不超过 8 小时、平均每周工作时间不超过 44 小时的工时制度"。第 38 条规定，"用人单位应当保证劳动者每周至少休息 1 日"。第 41 条规定，"用人单位由于生产经营需要，经与工会和劳动者协商后可以延长工作时间，一般每日不得超过 1 小时；因特殊原因需要延长工作时间的，在保障劳动者身体健康的条件下延长工作时间每日不得超过 3 小时，但是每月不得超过 36 小时"。

在该争议中，该公司要求员工每天上班，而且每天要工作 12 小时，只有国家节假日才能休息半天，严重违反《劳动法》"职工每日工作 8 小时，每周工作 44 小时"的规定。如果公司因工作性质或生产特点的限制，不能实行每日工作 8 小时、每周工作 44 小时标准工时制度的，应与职工代表平等协商确定有关工作时间的制度安排。霍某与公司老板交涉，要求让员工有足够的休息时间的做法是合法的。《劳动法》第 44 条规定，"有下列情形之一的，用人单位应当按照下列标准支付高于劳动者正常工作时间工资的工资报酬：（一）安排劳动者延长工作时间的，支付不低于工资的 150% 的工资报酬；（二）休息日安排劳动者工作又不能安排补休的，支付不低于工资的 200% 的工资报酬；（三）法定休假日安排劳动者工作的，支付不低于工资的 300% 的工资报酬"。

用人单位违反上述法律规定且不按国家法律的规定擅自延长员工工作时间，拒绝协商的，劳动者可依法要求有关部门追究其责任。

◎法条链接：

——《中华人民共和国宪法》

第 43 条　中华人民共和国劳动者有休息的权利。

国家发展劳动者休息和休养的设施，规定职工的工作时间和休假制度。

——《中华人民共和国劳动法》

第 36 条　国家实行劳动者每日工作时间不超过 8 小

时、平均每周工作时间不超过 44 小时的工时制度。

第 38 条　用人单位应当保证劳动者每周至少休息 1 日。

第 41 条　用人单位由于生产经营需要，经与工会和劳动者协商后可以延长工作时间，一般每日不得超过 1 小时；因特殊原因需要延长工作时间的，在保障劳动者身体健康的条件下延长工作时间每日不得超过 3 小时，但是每月不得超过 36 小时。

妇女享有获得劳动安全卫生保护的权利

劳动安全卫生保护权利是保证劳动者在劳动中生命安全和身体健康、关系劳动者切身利益的权利，包括防止工伤事故和职业病。如果单位劳动保护工作欠缺，其后果不仅是某些权益的丧失，更可能使劳动者健康和生命直接受到伤害。

妇女李某在广东一印刷厂从事胶印工作，公司规定，在工作期间发生任何意外事故，不论什么原因，公司概不负责。工作半年后，李某出现双下肢无力，无法继续工作。经人指点，李某来到市劳动卫生职业病防治院就医，医师通过了解其职业史及相关检查，初步诊断李某系"正己烷"中毒，李某得的"正己烷中毒"属于职业病的一种。

（案例来源：《打工三注意　远离职业病》，http：//www.cnhubei.com/200406/ca477667.htm，2015 年 12 月 28 日）

《劳动法》第 54 条规定，"用人单位必须为劳动者提供符合国家规定的劳动安全卫生条件和必要的劳动防护用品，对从事有职业危害作业的劳动者应当定期进行健康检查"。《妇女权益保障法》第 26 条第 1 款也规定，"任何单位均应根据妇女的特点，依法保护妇女在工作和劳动时的安全和健康，不得安排不适合妇女从事的工作和劳动"。可知，女性员工有获得劳动安全卫生保护的权利。公司必须建立、健全劳动安全卫生制度，严格执行国家劳动安全卫生规程和标准，对从事有职业危害作业的劳动者应当定期进行健康检查。同时，公司应为女职工提供符合国家规定的劳动安全卫生条件和必要的劳动防护用品，防止劳动过程中的事故，减少职业危害。

该公司有关意外事故造成人员伤亡概不负责的约定是违法的。权利受损的女性劳动者可依法要求用人单位承担相应的责任，公司应当支付李某的全部医疗费并给予适当的生活补助费，劳动管理部门应对公司的安全隐患进行检查、督促整改。

◎**法条链接：**

——《中华人民共和国劳动法》

第 54 条　用人单位必须为劳动者提供符合国家规定的劳动安全卫生条件和必要的劳动防护用品，对从事有职业危害作业的劳动者应当定期进行健康检查。

——《中华人民共和国妇女权益保障法》

第 26 条　任何单位均应根据妇女的特点，依法保护妇女在工作和劳动时的安全和健康，不得安排不适合妇女从事的工作和劳动。

妇女在经期、孕期、产期、哺乳期受特殊保护。

妇女享有社会保险和福利权利

每一个单位的劳动者均有享受社会保险和福利的权利，女性劳动者也不例外。用人单位必须为所有员工提供社会保险以及相应的福利。但实践中，有些单位拒绝为女性劳动者提供社会保险以及相应的福利。当女性劳动者发现自己享受社会保险和福利的权益被损害时，应该依据何种法律来维护自己的合法权益呢？

刘某某等 10 名女工被某工艺品有限公司招为合同制工人，双方签订了为期 3 年的劳动合同。劳动合同生效后，工艺品有限公司却未能遵守和履行劳动合同。一是企业不按合同规定，向社会保险管理机构和失业保险管理机构缴纳职工的退休养老保险金和失业保险金；二是企业在停工放假期间，少发或不发给职工生活补助费；女工与公司因此发生争议。

（案例来源：《民营企业员工的社会福利》，http：//www.7law.cn/laodong/shehui/1437.html，2015 年 12 月 30 日）

解决该争议的法律依据有《劳动法》和《妇女权益保障法》。《劳动法》第 70 条规定，"国家发展社会保险事业，建立社会保险制度，设立社会保险基金，使劳动者在年老、患病、工伤、失业、生育等情况下获得帮助和补偿"。第 72 条也明确规定，"用人单位和劳动者必须依法参加社会保险，缴纳社会保险费"。

而妇女享受社会保险和福利权利最直接的法律依据是

《妇女权益保障法》。《妇女权益保障法》第 28 条规定，"国家发展社会保险、社会救助、社会福利和医疗卫生事业，保障妇女享有社会保险、社会救助、社会福利和卫生保健等权益"。

上述案例中，公司拒不缴纳女工的养老保险金和失业保险金，而且在停工放假期间，少发或不发给职工生活补助费的做法显然是违反《劳动法》和《妇女权益保障法》相关规定的，公司应立即停止该违法行为，给员工缴纳养老保险金和失业保险金，补发员工停工放假期间生活费和各项福利待遇，并且补偿员工的经济损失。

◎法条链接：

——《中华人民共和国劳动法》

第 70 条　国家发展社会保险事业，建立社会保险制度，设立社会保险基金，使劳动者在年老、患病、工伤、失业、生育等情况下获得帮助和补偿。

第 72 条　社会保险基金按照保险类型确定资金来源，逐步实行社会统筹。用人单位和劳动者必须依法参加社会保险，缴纳社会保险费。

——《中华人民共和国妇女权益保障法》

第 28 条　国家发展社会保险、社会救助、社会福利和医疗卫生事业，保障妇女享有社会保险、社会救助、社会福利和卫生保健等权益。

国家提倡和鼓励为帮助妇女开展的社会公益活动。

妇女享有提请劳动争议处理的权利

女性劳动者在工作过程中，因权益问题与用人单位发生争议时，享有请求有关部门对争议进行处理的权利，这是女工行使提请劳动争议处理权的体现。

妇女王某进入一家制衣公司工作，双方签订了劳动合同。后王某因故离岗再没有到公司上班工作，公司对王某作出除名决定。后王某从其养老保险本中发现该公司早在其工作期间就停止为其缴纳养老保险。王某向劳动争议仲裁委员会提请仲裁，以"公司没有将其养老保险补缴至劳动合同解除之日"为由，请求：（1）公司为其补缴养老保险至裁决之日；（2）补偿延迟履行给其造成的损失；（3）由公司承担仲裁费用。最终仲裁机构裁决：公司应补缴王某养老保险金，并承担王某因补缴养老保险金所造成的损失。仲裁费全部由公司承担。

根据我国《劳动法》的规定，在发生下列劳动争议时，劳动者有权提起劳动争议处理：因企业开除、除名、辞退职工和职工辞职、自动离职发生的争议；因执行国家有关工资、保险、福利、培训、劳动保护的规定发生的争议；因履行劳动合同发生的争议；法律、法规规定应当依照《劳动法》规定处理的其他劳动争议。因此，案例中的王某有权提请劳动争议处理，而在具体提请劳动争议处理的时候，王某享有以下权利：

女性劳动者在行使提请劳动争议处理权时，依法享有对争议处理途径和方式的选择权。我国《劳动法》第 77 条第 1 款规定，"用人单位与劳动者发生劳动争议，当事人可以依法申请调解、仲裁、提起诉讼，也可以协商解决"。因此，劳动者在行使该项权利时，有权根据法律的规定和自己的意愿选择劳动争议处理方式或处理途径。

女性劳动者要求劳动争议处理机构受理争议，是劳动者该项权利的实质和核心，立法授予劳动者这一权利的目的就在于杜绝对劳动争议不予受理的现象，以切实保障其他权利的实现。因此，基于这一权利，当争议处理机构不予受理时，劳动者有权要求受理机构说明不予受理的理由和原因，并且受理机构必须作出答复。

女性劳动者的合法权益遭受侵害，行使请求争议处理权而处理机构又不依法受理时，劳动者有检举和控告的权利。因为《劳动法》第88条第2款明确规定，"任何组织和个人对于违反劳动法律、法规的行为有权检举和控告"。

在该争议中，女工王某，当自己应当享有的社会保险和福利的权利被公司侵害时，应积极向劳动争议仲裁委员会提请仲裁，行使自己提请劳动争议处理的权利，维护自己的合法权益。

◎法条链接：

——《中华人民共和国劳动法》

第77条 用人单位与劳动者发生劳动争议，当事人可以依法申请调解、仲裁、提起诉讼，也可以协商解决。

调解原则适用于仲裁和诉讼程序。

第88条 各级工会依法维护劳动者的合法权益，对用人单位遵守劳动法律、法规的情况进行监督。

任何组织和个人对于违反劳动法律、法规的行为有权检举和控告。

用人单位限制女职工结婚的职场潜规则违法吗？

现在有一些企事业单位在招聘时要求女职工未婚，并限制工作期间女职工结婚，那么，女性在面临这些情况时，该如何维护自己的合法权益呢？

小余应聘某公司职员，历时 2 个月连续投递简历、多番笔试加面试之后，终于成为公司试用员工中的一员。后公司发现小余在入职前已经结婚，以招聘未婚人员为由向小余送达了解除劳动合同通知书。小余认为公司的做法严重违反《劳动法》，且具有就业歧视，要求公司撤销决定，继续履行原劳动合同。

《妇女权益保障法》第 23 条第 2 款规定，"各单位在录用女职工时，应当依法与其签订劳动（聘用）合同或者服务协议，劳动（聘用）合同或者服务协议中不得规定限制女职工结婚、生育的内容"。而且《就业促进法》第 27 条也规定，"国家保障妇女享有与男子平等的劳动权利。用人单位招用人员，除国家规定的不适合妇女的工种或者岗位外，不得以性别为由拒绝录用妇女或者提高对妇女的录用标准。用人单位录用女职工，不得在劳动合同中规定限制女职工结婚、生育的内容"。因此，用人单位限制女职工结婚的职场"潜规则"是违法的。如果公司在招聘之初就明确概不录用已婚女员工，并以此为由解聘小余，就更违反法律的规定，具有就业歧视性质。

◎法条链接：

——《中华人民共和国妇女权益保障法》

第23条　各单位在录用职工时，除不适合妇女的工种或者岗位外，不得以性别为由拒绝录用妇女或者提高对妇女的录用标准。

各单位在录用女职工时，应当依法与其签订劳动（聘用）合同或者服务协议，劳动（聘用）合同或者服务协议中不得规定限制女职工结婚、生育的内容。

禁止录用未满16周岁的女性未成年人，国家另有规定的除外。

——《中华人民共和国就业促进法》

第27条　国家保障妇女享有与男子平等的劳动权利。

用人单位招用人员，除国家规定的不适合妇女的工种或者岗位外，不得以性别为由拒绝录用妇女或者提高对妇女的录用标准。

用人单位录用女职工，不得在劳动合同中规定限制女职工结婚、生育的内容。

用人单位在劳动合同中约定"未孕承诺"合法吗?

　　苏某被某公司录用担任秘书一职,合同期限 3 年。劳动合同中约定,在合同期内不得怀孕,如果怀孕,公司可以解除劳动合同。1 年后苏某怀孕,公司以劳动合同有约定为理由解除了与苏某的劳动关系。苏某不服,认为虽然在劳动合同中有约定,但公司不得在怀孕期间解除与本人的劳动合同,且法律法规也保护女职工的"三期";但公司的理由是女职工由于生育子女而离岗、抚养孩子影响企业工作的连续性,增加了单位的成本支出,在录用前已经说明并在劳动合同中与苏某约定在先,根据公司相关制度应立即解除合同。双方产生争议。

　　(案例来源:《在劳动合同中约定"未孕承诺"合法吗?》,http://chuansong. me/n/816782,2016 年 1 月 12 日)

　　本案的关键是要明确公司与员工所约定的"未孕承诺"是否合法。我国《妇女权益保障法》第 23 条第 2 款规定,"各单位在录用女职工时,应当依法与其签订劳动(聘用)合同或者服务协议,劳动(聘用)合同或者服务协议中不得规定限制女职工结婚、生育的内容"。本案中的承诺书要求劳动者承诺在劳动合同期内不得怀孕,这是法律不允许的,因此合同的这一条本身就属于无效条款。

　　劳动合同中出现的限制女职工结婚、生育的条款因为违反上述法律规定而无效。无效的劳动合同部分,对该女性员工不具有约束力。用人单位更不得以劳动者违反此约定为由对其作出惩罚或不利于女性员工的处理决定。如果用人单位在劳动合同中没有明确设置这种限制，但事实上却对女性职工实施此种限制，也是违法的。

需要注意的是，虽然劳动合同出现的限制女职工结婚、生育的条款无效，但这并不必然导致整个劳动合同无效。因为《劳动合同法》第27条规定，"劳动合同部分无效，不影响其他部分效力的，其他部分仍然有效"。而且，《劳动合同法》第28条也规定，"劳动合同被确认无效，劳动者已付出劳动的，用人单位应当向劳动者支付劳动报酬。劳动报酬的数额，参照本单位相同或者相近岗位劳动者的劳动报酬确定"。因此，即使劳动合同被确认无效，用人单位也应当向劳动者支付劳动报酬。

不仅如此，《女职工劳动保护特别规定》第5条还规定，"用人单位不得因女职工怀孕、生育、哺乳而降低其工资、予以辞退、与其解除劳动或者聘用合同"。《劳动法》也规定，在劳动关系建立后，用人单位不能随意解除与怀孕女职工的劳动关系。怀孕女职工不仅是劳动者，还承担了重要的社会责任，社会有义务为女职工提供特殊保护。企业虽然有用工自主权，但是必须在合乎法律的前提之下行使，不得以结婚、怀孕、产假、哺乳等为由，辞退女职工或单方面解除劳动合同。因此，公司不得与苏某解除劳动合同。

◎法条链接：

——《中华人民共和国妇女权益保障法》

第23条 各单位在录用职工时，除不适合妇女的工种或者岗位外，不得以性别为由拒绝录用妇女或者提高对妇女的录用标准。

各单位在录用女职工时，应当依法与其签订劳动（聘用）合同或者服务协议，劳动（聘用）合同或者服务协议中不得规定限制女职工结婚、生育的内容。

禁止录用未满十六周岁的女性未成年人，国家另有规定的除外。

——《中华人民共和国劳动合同法》

第27条　劳动合同部分无效，不影响其他部分效力的，其他部分仍然有效。

第28条　劳动合同被确认无效，劳动者已付出劳动的，用人单位应当向劳动者支付劳动报酬。劳动报酬的数额，参照本单位相同或者相近岗位劳动者的劳动报酬确定。

——《女职工劳动保护特别规定》

第5条　用人单位不得因女职工怀孕、生育、哺乳降低其工资、予以辞退、与其解除劳动或者聘用合同。

用人单位能否与"三期"中的女性职工
解除劳动合同？

女职工的"三期"是指怀孕期、产期、哺乳期。所谓"孕期"，指女职工怀孕期间。所谓"生育期间"，指女职工生子期间，也就是法律规定的产假期间，一般为 98 天。其中，产前可以休假 15 天；难产的，增加产假 15 天；生育多胞胎的，每多生育 1 个婴儿，增加产假 15 天。所谓"哺乳期"，指女职工婴儿出生后到 1 周岁这段时间。鉴于女职工在"三期"内特殊的身体、生理、抚育等需要，国家制定的《妇女权益保障法》、《劳动合同法》、《女职工劳动保护特别规定》等法律、法规对女性职工利益实行最大化保护。女性劳动者，在"三期"同样受到法律的保护。

【案例 1】

胡某（女）进入某公司工作。劳动合同约定员工连续旷工 3 天视为自动辞职，公司不予支付任何补偿金。后胡某被确诊怀孕，医生开具医事证明书，要求胡某该段期间休息。胡某孕期休息期间，公司出具解除劳动合同通知书，且不支付任何经济补偿。胡某因此与公司发生纠纷。

【案例 2】

钱某（女）与某工厂的一份劳动合同期限至 2014 年 12 月 31 日止。2014 年 5 月 2 日起钱某开始休产假。2015 年 1 月 19 日，某工厂向钱某发出通知，称"双方劳动合同已于 2014 年 12 月 31 日到期，请在 2015 年 1 月底之前到公司办理新年度的劳动合同续签手续，如你在规定时间内不来办理，视为自动离职"。钱某确认签收该通知。2015 年 1 月 31 日，公司为钱某办理辞退手续，辞退手续备案表上阐明"解除（终止）合同类型为合同期满"。钱某因此与工厂发生纠纷。

【案例 3】

杨某（女）休完产假后回岗工作。公司除安排杨某负责从事休产假前的固定资产和成本工作外，未经与杨某协商同意，额外将营收作业交由杨某负责。杨某认为公司增加的营收工作量系公司另外一位被开除员工的工作，且没有交接手续，故未答应。公司以杨某拒绝完成主管分配工作为由解除与杨某的劳动合同，杨某与公司发生争议。

以上三项纠纷都是有关女职工处于孕期、产期、哺乳期阶段，用人单位以怀孕、产假、哺乳等为由，辞退女职工或者单方解除劳动合同的案例。这些做法合法吗？

《劳动合同法》第 45 条规定：劳动合同期满，如女职工在孕期、产期、哺乳期的，劳动合同应当延续至相应的情形消失时终止。因此，在一般情况下，劳动合同期满后劳动合同终止，但女职工在孕期、产期、哺乳期的，劳动合同应当续延至相应的情形消失时终止。

不仅如此，《劳动法》还明确规定，女职工在孕期、产期、哺乳期实行特殊劳动保护，不得安排孕期、哺乳期女职工从事国家规定的第三级体力劳动强度的劳动和禁忌从事的劳动，不得安排其延长工作时间和夜班劳动。除存在严重违反用人单位规章制度、严重失职给用人单位造成重大损失等情形外，用人单位不得随意解除"三期"女职工的劳动合同。

虽然，我国现行法律法规对"三期"女职工给予了特殊的保护。但法律的这种保护也是有节制的，如果女职工出现法律法规严令禁止的行为，用人单位依然有权对其进行违纪处分甚至解除劳动关系。

具体而言，倘若处于"三期"的女职工出现《劳动合同法》第39条规定的"严重违反规章制度"；"严重失职"；"在试用期间被证明不符合录用条件"；"与其他用人单位建立劳动关系，对完成本单位的工作任务造成严重影响，或者经用人单位提出，拒不改正"；"因劳动者欺诈、胁迫致使劳动合同无效"等女职工本身有严重过错的情形时，用人单位仍然可以依法解除劳动关系。

在第一个案例中，胡某（女）在怀孕期间被用人单位解聘，女职工胡某本人没有任何过错，用人单位不得仅因其怀孕与其解除劳动关系，而应当继续履行劳动合同，这是法律对"三期"女职工的特殊保护。

在第二个案例中，钱某自2014年5月2日起休产假，按照《女职工劳动保护特别规定》和《劳动部关于〈女职工劳动保护规定〉问题解答》规定，哺乳期为12个月，即到婴儿满1周岁哺乳期即结束。公司以劳动合同期满为由终止劳动关系的行为违法。在该案中，由于钱某处于哺乳期，即使劳动合同到期也不能终止，须顺延至"三期"结束。

在第三个案例中，公司在杨某哺乳期单方额外增加杨某工作量，必然导致工作时间延长，公司增加工作量应同杨某协商，不应直接强加，杨某有权拒绝。杨某尚在哺乳期，并未出现《劳动合同法》第39条规定的"严重违反规章制度"、"严重失职"、"在试用期间被证明不符合录用条件"等女职工本身有严重过错的情形，用人单位不能解除劳动关系。公司解除劳动合同违法，应承担相应的法律责任。

◎法条链接：

——《中华人民共和国妇女权益保护法》

第26条　任何单位均应根据妇女的特点，依法保护妇女在工作和劳动时的安全和健康，不得安排不适合妇女从事的工作和劳动。

妇女在经期、孕期、产期、哺乳期受特殊保护。

——《中华人民共和国劳动合同法》

第44条　有下列情形之一的，劳动合同终止：

（一）劳动合同期满的；

（二）劳动者开始依法享受基本养老保险待遇的；

（三）劳动者死亡，或者被人民法院宣告死亡或者宣告失踪的；

（四）用人单位被依法宣告破产的；

（五）用人单位被吊销营业执照、责令关闭、撤销或者用人单位决定提前解散的；

（六）法律、行政法规规定的其他情形。

第45条　劳动合同期满，有本法第四十二条规定情形之一的，劳动合同应当续延至相应的情形消失时终止。但是，本法第四十二条第二项规定丧失或者部分丧失劳动能力劳动者的劳动合同的终止，按照国家有关工伤保险的规定执行。

——《女职工劳动保护规定》

第5条　用人单位不得因女职工怀孕、生育、哺乳降低其工资、予以辞退、与其解除劳动或者聘用合同。

产期休产假，单位不给工资合法吗？

温女士休了4个月产假。上班后，她发现4个月产假期间公司一分钱工资都不发给她。对公司的这一做法，温女士感到很意外，也很生气。她认为休产假是国家规定的，公司凭什么扣她的工资？公司的决定符合国家政策和有关法律吗？

首先可以明确地说，温女士单位的做法已明显违反我国《妇女权益保障法》的规定。

我国《妇女权益保障法》第26条第2款规定，"妇女在经期、孕期、产期、哺乳期受特殊保护"。另外，《女职工劳动保护规定》第5条也明确，公司不得在职工怀孕期、哺乳期降低其工资，或解除劳动合同。

从上述规定可见，温女士所在单位在她休产假期间，不发工资，这是严重违反法律规定的，温女士完全有权向所在单位的主管部门或到当地的劳动部门提出申诉，受理申诉的部门应当自收到她的申诉书之日起30日内作出处理决定。若温女士对决定不服，还可以在收到处理决定书之日起15天内向当地的人民法院起诉。法院应当依法审理并维护她的合法权益。

◎**法条链接：**

——《中华人民共和国妇女权益保障法》

第26条　任何单位均应根据妇女的特点，依法保护妇女在工作和劳动时的安全和健康，不得安排不适合妇女从事的工作和劳动。

妇女在经期、孕期、产期、哺乳期受特殊保护。

——《女职工劳动保护规定》

第 5 条　用人单位不得因女职工怀孕、生育、哺乳降低其工资、予以辞退、与其解除劳动或者聘用合同。

哪些工作属于女职工禁忌劳动范围？

劳动平等权是女性权利的重要组成部分。为了减少和解决女职工在劳动中因生理特点造成的特殊困难，保护女职工的健康，我国相关法律对女职工禁忌从事的劳动做了一系列的规定。那么，女性被用人单位安排从事的工作是否属于法律规定的女职工禁忌劳动范围？如何维护自身的合法权利呢？

在某有色金属冶炼厂工作的女职工王某一胎生下两个婴儿。休完产假后，被厂方安排到产前工作过的炼铅车间上班。王某同其他人一样三班倒，经常上夜班，有时还要加班加点。她多次要求厂方安排其到劳动强度比较轻、不用上夜班的工作岗位工作，但遭拒绝。5个月之后，王某的两个婴儿同时患病被送进医院治疗，确诊铅中毒，系王某的乳汁中含铅量过高所致，虽经医院治疗，但仍留下后遗症。同时，经检查，王某的身体健康也受到较大程度的损害。

（案例来源：《安排在哺乳期的女职工在紧急岗位上劳动要受法律的制裁》，法律快车网：http：//www. lawtime. cn/info/laodong/ldzy/nvgongbaohu/2007020718896. html，2016年1月18日）

《劳动法》第63条规定，"不得安排女职工在哺乳未满一周岁的婴儿期间从事国家规定的第三级体力劳动强度的劳动和哺乳期禁忌从事的其他劳动，不得安排其延长工作时间和夜班劳动"。这是关于女职工哺乳期特殊劳动保护的基本规定。而《女职工劳动保护特别规定》对于女职工从事的劳动范围更是作了详细的规定。

《女职工劳动保护特别规定》首先规定了女职工禁忌从事的劳动范围。

然后，规定了女职工在经期禁忌从事的劳动范围。

《女职工劳动保护特别规定》还规定了女职工在孕期禁忌从事的劳动范围。

最后，《女职工劳动保护特别规定》规定女职工在哺乳期间禁忌从事的劳动。

女职工哺乳期禁止从事劳动的范围，主要是接触有毒有害物质的工作，其目的是保证哺乳女职工有丰富的、质量好的乳汁喂养婴儿，以防乳汁含毒，损害婴儿健康。本案中，有色金属冶炼厂的行为严重侵害女职工王某的合法权益，理应受到法律的制裁，承担赔偿责任并接受有关部门的经济处罚。

◎**法条链接：**

——《中华人民共和国劳动法》

第 63 条　不得安排女职工在哺乳未满一周岁的婴儿期间从事国家规定的第三级体力劳动强度的劳动和哺乳期禁忌从事的其他劳动，不得安排其延长工作时间和夜班劳动。

——《女职工劳动保护特别规定》

附录：

女职工禁忌从事的劳动范围

一、女职工禁忌从事的劳动范围：

（一）矿山井下作业；

（二）体力劳动强度分级标准中规定的第四级体力劳动强度的作业；

（三）每小时负重6次以上、每次负重超过20公斤的作业，或者间断负重、每次负重超过25公斤的作业。

二、女职工在经期禁忌从事的劳动范围：

（一）冷水作业分级标准中规定的第二级、第三级、第四级冷水作业；

（二）低温作业分级标准中规定的第二级、第三级、第四级低温作业；

（三）体力劳动强度分级标准中规定的第三级、第四级体力劳动强度的作业；

（四）高处作业分级标准中规定的第三级、第四级高处作业。

三、女职工在孕期禁忌从事的劳动范围：

（一）作业场所空气中铅及其化合物、汞及其化合物、苯、镉、铍、砷、氰化物、氮氧化物、一氧化碳、二硫化碳、氯、己内酰胺、氯丁二烯、氯乙烯、环氧乙烷、苯胺、甲醛等有毒物质浓度超过国家职业卫生标准的作业；

（二）从事抗癌药物、己烯雌酚生产，接触麻醉剂气体等的作业；

（三）非密封源放射性物质的操作，核事故与放射事故的应急处置；

（四）高处作业分级标准中规定的高处作业；

（五）冷水作业分级标准中规定的冷水作业；

（六）低温作业分级标准中规定的低温作业；

（七）高温作业分级标准中规定的第三级、第四级的作业；

（八）噪声作业分级标准中规定的第三级、第四级的作业；

（九）体力劳动强度分级标准中规定的第三级、第四级体力劳动强度的作业；

（十）在密闭空间、高压室作业或者潜水作业，伴有强烈振动的作业，或者需要频繁弯腰、攀高、下蹲的作业。

四、女职工在哺乳期禁忌从事的劳动范围：

（一）孕期禁忌从事的劳动范围的第一项、第三项、第九项；

（二）作业场所空气中锰、氟、溴、甲醇、有机磷化合物、有机氯化合物等有毒物质浓度超过国家职业卫生标准的作业。

离婚或丧偶妇女可否保留承包土地？

　　4 年前，寒莲（化名）嫁到河东村第一村民组时，娘家所在村就把她的责任田收回了，而嫁入地村至今也没给她分责任田。寒莲还有个表姐春菊（化名）嫁在河东村四组，半年前丈夫意外去世后，春菊就带着孩子回娘家生活了，结果原来在丈夫家分得的责任田被收回了，而娘家那边也不给她分责任田。寒莲和春菊为了拥有一份责任田，腿都跑断了，可村里就是不给解决，向乡政府反映也不管用。那么，村里的这些做法对吗？国家在这方面有啥政策？寒莲她们该怎么办呢？

　　（案例来源：潘家永：《出嫁 离婚 丧偶妇女的承包地如何解决》，载《河北农业科技》2003 年第 3 期）

　　在农村，确实存在这样的现象：一些在婆家村没有赶上土地调整的妇女，一旦离婚，就失去了对丈夫家土地继续依赖的可能性，而娘家村的土地又被收回，于是，离了婚的妇女陷入了无处安身、没有生存保障的境地。即便是在婆家村分得土地，由于和丈夫离婚，其所在村往往也要强行收回其一半或全部土地。

　　这种现象其实是违反法律的。《妇女权益保障法》第 33 条第 1 款规定，"任何组织和个人不得以妇女未婚、结婚、离婚、丧偶等为由，侵害妇女在农村集体经济组织中的各项权益"。本条强调要保护未婚、结婚、离婚、丧偶的妇女在农村集体经济组织中的各项权益，当然包括农村集体土地的承包权，这是她们基本生存的依靠。为此，中共中央办公厅、国务院办公厅下发的《关于切实维护农村妇女土地承包权益的通知》第4条规定，要处理好离婚或丧偶妇女土地承包问题。妇女离婚或丧偶后仍在原居住地生活的，原居住地应保证其有一份承包地。离婚或丧偶后不在原居住地生活、其新居住地还没有为其解决承包土地的，原居住地所在村应保留其土地承包权。

◎**法条链接：**

——《中华人民共和国妇女权益保障法》

第33条　任何组织和个人不得以妇女未婚、结婚、离婚、丧偶等为由，侵害妇女在农村集体经济组织中的各项权益。

因结婚男方到女方住所落户的，男方和子女享有与所在地农村集体经济组织成员平等的权益。

——《关于切实维护农村妇女土地承包权益的通知》

四、要处理好离婚或丧偶妇女土地承包问题

妇女离婚或丧偶后仍在原居住地生活的，原居住地应保证其有一份承包地。离婚或丧偶后不在原居住地生活、其新居住地还没有为其解决承包土地的，原居住地所在村应保留其土地承包权。妇女不在原居住地生活但仍保留承包土地的，应承担相应的税费义务。

妇女土地承包经营纠纷如何解决？

1999 年 2 月 4 日，《中国妇女报》报道了一则根据《妇女权益保障法》判决的案件，案件当事人为 A 村的已婚妇女岳某。1998 年秋，A 村重新调整土地。村里规定：出嫁的闺女不再分地。这样岳某及其婚后所生一子便成了无地户。几经周折而万般无奈的岳某于 1998 年 9 月 10 日把 A 村告上了法庭。市法院立案后，从不误农时、保护妇女儿童合法权益出发，及时组成合议庭审理，尽量缩短审理时限，于 10 月 29 日作出如下判决：根据《妇女权益保障法》、《未成年人保护法》等相关规定，责令 A 村村委会于判决生效后 5 日内，分给原告与同村村民同等亩数承包地。

实际上，处理妇女土地承包经营纠纷的方法有四种：一是协商，二是调解，三是仲裁，四是诉讼。这里要注意的是，四种方法里的前一种方法并不是后一种方法的必经程序，也就是说，可以任意选择其中的一种方法。《农村土地承包法》第 51 条规定，"因土地承包经营发生纠纷的，双方当事人可以通过协商解决，也可以请求村民委员会、乡（镇）人民政府等调解解决。当事人不愿协商、调解或者协商、调解不成的，可以向农村土地承包仲裁机构申请仲裁，也可以直接向人民法院起诉"。

《妇女权益保障法》第 55 条规定，"违反本法规定，以妇女未婚、结婚、离婚、丧偶等为由，侵害妇女在农村集体经济组织中的各项权益的，或者因结婚男方到女方住所落户，侵害男方和子女享有与所在地农村集体经济组织成员平等权益的，由乡镇人民政府依法调解；受害人也可以依法向农村土地承包仲裁机构申请仲裁，或者向人民法院起诉，人民法院应当依法受理"。

本案中，岳某采取的是诉讼的方法。下面详细叙述四种维护权利的方式：

（1）协商，是一种建立在自愿、互谅的基础上，通过直接对话摆事实、讲道理，分清责任，达成和解协议，使纠纷得以解决的活动。协商和解是一种快速、简便的争议解决方式，无论是对集体土地的承包经营者还是对村委会等，都不失为一种理想的途径。

（2）调解，村民调解委员会是村民委员会和居民委员会下设的调解民间纠纷的群众性自治组织，在基层人民政府和基层人民法院指导下进行工作，也可以是乡镇人民政府人民调解委员会调解。无论是村民委员会的调解还是乡镇人民政府调解委员会的调解。调解工作应遵循的原则有：①必须严格遵守国家的法律、政策进行调解。②必须在双方当事人自愿平等的前提下进行调解。③必须在查明事实、分清是非的基础上进行调解。④不得因未经调解或者调解不成而阻止当事人向人民法院起诉。由于人民调解委员会是群众性组织，其成员扎根于群众之中，对群众之间的民事纠纷和轻微刑事案件，知根知底，所以调解委员会的能动作用很大，方式灵活，方便易行。它突出的特点是能把纠纷解决在基层组织，还能起到宣传法制、预防纠纷、防止矛盾扩大的作用，因而受到人民群众的欢迎。

（3）仲裁，是指农村土地承包仲裁机构的仲裁，具体来说，是指农村土地承包经营纠纷仲裁机构针对农村土地承包经营纠纷当事人的仲裁请求和事实理由，依照相关法律法规及政策对纠纷作出裁决意见的行政仲裁活动。农村土地承包仲裁委员会，根据解决农村土地承包经营纠纷的实际需要设立。农村土地承包仲裁委员会可以在县和不设区的市设立，也可以在设区的市或者其市辖区设立。设立农村土地承包仲裁委员会的，其日常工作由当地农村土地承包管理部门承担。农村土地承包仲裁机构是最基层的，在乡镇一级政府里，代表政府工作，挂的是农经管理站的牌子，不服他们的仲裁，可以到县级仲裁机关申诉。县级仲裁机构设在县政府农业局，对外叫仲裁委员会。各省情况不一样，但农业承包合同纠纷的案件一般由发包方所在地乡（镇）农业承包合同管理委员会管辖。对乡（镇）仲裁决定不服的，可向县（市、区）农业承包合同管理委员会申请复议。同时，根据《农村土地承包法》第52条，当事人对仲裁不服的，也可以在收到裁决书之日起30日内向人民法院起诉。逾期不起诉的，裁决书即发生法律效力。

（4）诉讼，诉讼是指人民法院根据纠纷当事人的请求，运用审判权确认争议各方权利义务关系，解决经济纠纷的活动。诉讼程序是在诉讼和司法过程中必须遵循的法定顺序、方式和步骤，包括起诉、上诉、执行等过程。起诉是指当事人就纠纷向人民法院提起诉讼，请求人民法院依照法定程序进行审判的行为，即请求法院通过审判，使被告人承担某种法律上的责任和义务。起诉须有明确的被告人、具体的诉讼请求和事实根据，还须属于受诉法院管辖范围。当然，当事人不服一审人民法院的判决或者裁定，可以在法定期间内向上一级人民法院提出上诉。执行则是指判决、裁定发生法律效力后，债务人未按照判决或裁定所确定的期间履行债务的，债权人可以申请人民法院强制执行。

◎**法条链接：**

——《中华人民共和国农村土地承包法》

第51条　因土地承包经营发生纠纷的，双方当事人可以通过协商解决，也可以请求村民委员会、乡（镇）人民政府等调解解决。

当事人不愿协商、调解或者协商、调解不成的，可以向农村土地承包仲裁机构申请仲裁，也可以直接向人民法院起诉。

——《中华人民共和国妇女权益保障法》

第55条　违反本法规定，以妇女未婚、结婚、离婚、丧偶等为由，侵害妇女在农村集体经济组织中的各项权益的，或者因结婚男方到女方住所落户，侵害男方和子女享有与所在地农村集体经济组织成员平等权益的，由乡镇人民政府依法调解；受害人也可以依法向农村土地承包仲裁机构申请仲裁，或者向人民法院起诉，人民法院应当依法受理。

"姑娘户"、"外来户"能获得土地补偿款吗?

　　2011 年 1 月底,某镇 A 村村委会召开村民代表会议决定将土地收益款按人口分,每人得 1600 元,李某、其丈夫及两个孩子因为是所谓"姑娘户"、"外来户",没有分得应有款项。李某是 A 村村民,今年 56 岁,1982 年底结婚,户口一直没有迁出,1983 年,丈夫于某的户口迁来落户,婚后生育的两个子女都是 A 村常住户口。长期以来,李某一家一直在该村民小组居住、生产、生活,1994 年分了承包田,至今还在耕种。他们没有其他工作,承包土地就是他们基本生存、生活保障的主要来源,一家四口的户口既不是"悬挂户",也不是"空挂户",更不是"人户分离",而且一直履行着村民的权利和义务,以前的村民选举、生产队出工、摊工、摊费用一次没有少交过,理应依法与本村其他成员一样享有同等权益。对照这次村委会的分配方案,他们一家四人全部符合条件。但因为李某一家是所谓的"姑娘户"、"外来户",村委会以村民代表的表决为由剥夺了李某一家人参加分配的权利。

　　(案例来源:《侵害农村妇女合法权益的起诉书,人民法院不受理怎么办?》,http://www.110.com/ask/question-378988.html,2016 年 1 月 22 日)

　　本案中的李某,是 A 村村民,家庭每人 1600 元的土地收益权受到侵犯。根据《妇女权益保障法》第 52 条的规定可知,李某有权要求有关部门依法处理,也可以依法向仲裁机构申请仲裁，还可以向人民法院起诉。在向人民法院起诉时，如果经济困难需要法律援助或者司法救助的，当地法律援助机构或者人民法院应当给予帮助，依法为其提供法律援助或者司法救助。具体而言，李某可以要求泰兴镇人民政府调解，也可以向泰兴镇所在的县农村土地承包仲裁委员会申请仲裁，或者向人民法院起诉，人民法院应当依法受理。

◎法条链接：

——《中华人民共和国妇女权益保障法》

第52条　妇女的合法权益受到侵害的，有权要求有关部门依法处理，或者依法向仲裁机构申请仲裁，或者向人民法院起诉。

对有经济困难需要法律援助或者司法救助的妇女，当地法律援助机构或者人民法院应当给予帮助，依法为其提供法律援助或者司法救助。

第55条　违反本法规定，以妇女未婚、结婚、离婚、丧偶等为由，侵害妇女在农村集体经济组织中的各项权益的，或者因结婚男方到女方住所落户，侵害男方和子女享有与所在地农村集体经济组织成员平等权益的，由乡镇人民政府依法调解；受害人也可以依法向农村土地承包仲裁机构申请仲裁，或者向人民法院起诉，人民法院应当依法受理。

四、妇女生育、卫生保健

对怀孕女性违法的行政拘留的特殊处理

出于人道主义考虑，法律对于怀孕女性处罚上有着特殊的规定，不仅是刑法这样，《治安管理处罚法》也是如此。

2016 年 4 月 9 日下午 2 时 23 分，某市公安局特警支队民警接到举报，称在某城区北京路某酒店 309 房有人吸毒。特警支队立即召集警力对 309 房间进行突击检查，发现房间内有一女，房内有不少吸毒器具，民警在女子的包内搜出毒品"麻果"6 颗，冰毒 1 包。经尿检，证实此女嫌疑人吸食了毒品。民警惊讶地发现，30 岁的吸毒女子鲁某是一个来自农村打工已怀孕 8 个月的准妈妈。鲁某有多年的吸毒史，曾经因吸毒被警方打击处理过。有孕在身后，鲁某不仅不收敛，反而变本加厉，经常召集他人一起吸毒，竟把腹中的胎儿视为"保护神"。民警审讯后，鲁某被送去医院检查，得知鲁某已妊娠 32 周，目前胎儿状况正常。办案民警称，因鲁某处于怀孕期间，她被依法处以行政拘留但不执行，但她必须到所在社区进行 3 年的社区戒毒。

（案例来源：《女子怀孕 8 个月吸毒，被依法处以行政拘留但不执行 》， http：//finance. sina. com. cn/sf/news/2016-04-11/111826744. html，2016 年 5 月 2 日）

行政拘留是一种重要的也是常见的行政处罚种类，是指法定的行政机关（专指公安机关）依法对违反行政法律规范的人，在短期内限制人身自由的一种行政处罚。行政拘留是一种最严厉的行政处罚，通常适用于严重违反治安管理但不构成犯罪，而警告、罚款处罚不足以惩戒的情况。因此法律对它的设定及其实施的条件和程序均有严格的规定。行政拘留裁决权属于县级以上公安机关，期限一般为 10 日以内，较重的不超过 15 日。行政拘留决定宣告后，在申请复议和行政诉讼期间，被处罚的人及其亲属找到保证人或者按规定交纳保证金的，可申请行政主体暂缓执行行政拘留。

公安机关对鲁某违反治安管理处罚法的行为作出行政处罚决定是合法的，对其作出的治安拘留的具体行为也是正当的。但在执行拘留时，公安机关应当查明鲁某是否已怀孕，如怀孕就不能执行拘留。因为根据《治安管理处罚法》第 21 条第 4 款规定：怀孕或者哺乳自己不满一周岁婴儿的违反治安管理行为的妇女，依照本法应当给予行政拘留处罚的，不执行行政拘留处罚。

从上述的规定来看，对凡是违反治安管理，依照《治安管理处罚法》应当给予行政拘留处罚的怀孕的妇女，可以依法作出行政拘留决定书，但不投送拘留所执行。《治安管理处罚法》之所以这样立法，目的在于保护正在怀孕的妇女以及不满一周岁婴儿的生存权利不受侵害，也体现执法过程中以人为本的执法理念。因此该条"不执行行政拘留处罚"是强制性的规定。公安机关在执行拘留时有义务查明被拘留的妇女是否存在怀孕或哺乳自己不满一周岁婴儿的事实。即使被处罚人不告知自己怀孕或是哺乳自己不满一周岁婴儿的事实，公安机关也应当主动告知被处罚人法律有这样的规定，以便被处罚人能够正当地行使法律赋予的权利。

因此，本案中，公安机关对鲁某作出行政拘留处罚决定，但没有投送拘留所执行是正确的。

◎法条链接：

——《中华人民共和国治安管理处罚法》

第87条　公安机关对与违反治安管理行为有关的场所、物品、人身可以进行检查。检查时，人民警察不得少于2人，并应当出示工作证件和县级以上人民政府公安机关开具的检查证明文件。对确有必要立即进行检查的，人民警察经出示工作证件，可以当场检查，但检查公民住所应当出示县级以上人民政府公安机关开具的检查证明文件。

检查妇女的身体，应当由女性工作人员进行。

第21条　违反治安管理行为人有下列情形之一，依照本法应当给予行政拘留处罚的，不执行行政拘留处罚：

（一）已满十四周岁不满十六周岁的；

（二）已满十六周岁不满十八周岁，初次违反治安管理的；

（三）七十周岁以上的；

（四）怀孕或者哺乳自己不满一周岁婴儿的。

中编　妇女人身、财产的民事纠纷解决

一、妇女宅基地权利的保护

离婚妇女能要回宅基地吗?

王某(女)与孙某于 1984 年结婚,早期婚后生活较为和谐。但是从 2003 年起,王某发现孙某有外遇并因此争吵不休。2012 年,王某与孙某协议离婚,其中要求分得其所有的宅基地使用权份额若干。孙某表示宅基地属于其名下的财产,并没有王某什么事。于是,在二者无法达成一致意见的情况下,王某将孙某诉至法院。

经人民法院审理查明:王某在嫁入孙某所在村后,其原来名下的宅基地已经被重新划分。后来该村进行了一次宅基地分配,但是此次宅基地分配虽然将王某考虑进来,但其宅基地全部都划归孙某所有,王某只是纯粹的空户。按照我国《土地管理法》的规定,宅基地的取得奉行"一户一宅"原则,王某与孙某属于一户中的家庭成员,其应当共同享有宅基地使用权。该宅基地虽然划归在孙某名下,但是在王某与孙某离婚后,原来的"户"已经发生变化,宅基地使用权也应当进行相应的分配。据此,法院判定：孙某应当将原属于王某的宅基地份额重新分给王某。

在一些地区，离婚妇女常常面临着宅基地使用权被非法侵犯的现象，造成这些现象的原因是多方面的：农村离婚妇女空挂户，并没有享受相应的利益，虽然个别地区保有土地，但是却完全划归在男方名下；农村妇女出嫁后在娘家和婆家都没有土地，尤其是在郊区城市化的过程中，由于受到严格的土地政策的限制，农村离婚妇女的宅基地无法得到切实保障；个别村有特定的习惯，对于妇女分配宅基地存在一定的歧视。但是在现行法的框架下，农村妇女的宅基地使用权仍然能得到保护，如证明财产属于夫妻关系存续期间的共同财产（证实其曾经是村集体组织记录的户的成员），并依照《婚姻法》的相关规定进行分配。

农村妇女当然与男子享有同等的宅基地权利，这是婚姻关系平等原则的外在延伸。在婚姻关系解除后，原有的财产需要依法进行相应的分配，这当然包括宅基地使用权。我国《土地管理法》对宅基地使用权的分配实行"一户一宅"原则，但此处的"户"的概念不是一成不变的，而是随着婚姻关系的变化而有所变更的。我国户籍制度主要以男子为中心，造成了包括宅基地使用权分配以及周边制度在适用上存在一定的误区，这种误区完全可以通过对法律的解释予以弥补。如将"一户一宅"中的"宅基地"理解为家庭成员共同财产并通过司法解释的形式予以明确。在共同财产的前提下，依照《婚姻法》的有关规定，农村离婚妇女能够有效地保障自己的合法权利。

◎**法条链接：**

　　——《中华人民共和国婚姻法》

　　第 17 条　夫妻在婚姻关系存续期间所得的下列财产，归夫妻共同所有：

　　（一）工资、奖金；

　　（二）生产、经营的收益；

　　（三）知识产权的收益；

　　（四）继承或赠与所得的财产，但本法第十八条第三项规定的除外；

　　（五）其他应当归共同所有的财产。

　　夫妻对共同所有的财产，有平等的处理权。

　　第 18 条　有下列情形之一的，为夫妻一方的财产：

　　（一）一方的婚前财产；

　　（二）一方因身体受到伤害获得的医疗费、残疾人生活补助费等费用；

　　（三）遗嘱或赠与合同中确定只归夫或妻一方的财产；

　　（四）一方专用的生活用品；

　　（五）其他应当归一方的财产。

　　第 19 条　夫妻可以约定婚姻关系存续期间所得的财产以及婚前财产归各自所有、共同所有或部分各自所有、部分共同所有。约定应当采用书面形式。没有约定或约定不明确的，适用本法第十七条、第十八条的规定。

　　夫妻对婚姻关系存续期间所得的财产以及婚前财产的约定，对双方具有约束力。

　　夫妻对婚姻关系存续期间所得的财产约定归各自所有的，夫或妻一方对外所负的债务，第三人知道该约定的，以夫或妻一方所有的财产清偿。

——《中华人民共和国妇女权益保障法》

第2条　妇女在政治的、经济的、文化的、社会的和家庭的生活等各方面享有同男子平等的权利。

实行男女平等是国家的基本国策。国家采取必要措施，逐步完善保障妇女权益的各项制度，消除对妇女一切形式的歧视。

国家保护妇女依法享有的特殊权益。

禁止歧视、虐待、遗弃、残害妇女。

二、妇女土地承包经营权利的保护

离婚妇女不在原村居住能否保留承包地？

农村妇女离婚不仅涉及人身关系的解体以及传统意义上财产权的重新分配，还会关系到土地承包经营权这种特殊权利的处理问题。农村集体以户籍为单位管理土地承包经营权，户中的成员解体后当然涉及土地承包经营权的分配。问题在于，离婚妇女土地承包经营权的享有是否以其在该村居住为前提？

李某（女）嫁到张村后，由张村村委会分给承包地2亩，双方签订了土地承包合同。后李某因双方感情不和与丈夫离婚，搬回娘家居住并持续耕种承包地。张村村委会以李某已经离婚且已不在本村居住为由，口头通知李某：她所承包的2亩土地已被村里按照规定收回。李某多次同村里交涉，并证明她并没有在娘家村取得新的承包地，要求继续承包张村的土地，遭张村村委会拒绝。最后，失去土地的李某不得不将张村村委会告上了法庭。法院判决：张村村委会强行收回李某承包地的行为无效，该2亩土地由李某继续承包，并由张村村委会赔偿因此给李某造成的损失。

　　本案的核心在于离婚妇女能否继续保有土地承包经营权的问题。在本案中，李某在婚姻关系存续期间与村委会签订了土地承包协议，该协议对双方都有约束力。李某离婚与该协议并没有直接关系，而且该协议中也没有约定李某不在该村居住后就必须要收回相应的土地。且在本案中，李某回娘家后并没有重新取得土地，并没有违反《农村土地承包法》的相关规定，其继续享有土地承包经营权是有正当理由的。依照《农村土地承包法》第6条的规定，任何组织和个人不得剥夺、侵害妇女应当享有的土地承包经营权，村委会以李某不在该村居住为由要求收回其所承包的土地是违法的，应当予以制止。

　　土地承包经营权是农村妇女享有的基本权利，该权利也受到婚姻关系的影响。为了确保妇女的土地承包经营权，对于农村妇女婚姻关系变动中土地承包经营权的变化通常按照如下规则处理：在女方嫁入农村时，村集体应当及时解决妇女的土地承包经营权问题，在没有分得承包土地之前，其原户籍所在地不得收回其原来的承包土地；在农村妇女离婚后或者丧偶后，如果其仍然在该村居住，则该妇女仍然享有土地承包经营权，如果其不在该村居住，在新居住的地方土地承包问题没有解决之前，该村也不能收回其承包土地。由此可见，妇女尽管在户籍制度中处于相对的弱势地位，但是现行法规范给予妇女权益以充分的保护，至少能够有效确保其基本的土地承包权益。

　　在我国，村集体是土地的管理者，在一定的条件下享有回收土地的权力。例如，在某一户人家因为种种原因不在该村集体户籍上，村集体可以讨论决定将该户的土地回收并进行重新分配。不过这种回收不是由村集体随意决定的，而必须要符合法律规定的情形。妇女离婚绝对不是村集体回收土地的理由，妇女不在村集体居住也并不当然意味着其会丧失在该村的土地承包经营权。在农村妇女的土地承包经营权没有得到保障之前，村集体回收离婚妇女土地的行为都是违法的。

◎法条链接：

——《中华人民共和国农村土地承包法》

第6条 农村土地承包，妇女与男子享有平等的权利。承包中应当保护妇女的合法权益，任何组织和个人不得剥夺、侵害妇女应当享有的土地承包经营权。

第16条 承包方享有下列权利：

（一）依法享有承包地使用、收益和土地承包经营权流转的权利，有权自主组织生产经营和处置产品；

（二）承包地被依法征收、征用、占用的，有权依法获得相应的补偿；

（三）法律、行政法规规定的其他权利。

第20条 耕地的承包期为30年。草地的承包期为30年至50年。林地的承包期为30年至70年；特殊林木的林地承包期，经国务院林业行政主管部门批准可以延长。

第22条 承包合同自成立之日起生效。承包方自承包合同生效时取得土地承包经营权。

村集体能否随意回收荒地?

　　孙某于 2003 年起携妻子弃耕撂荒, 南下广州打工。2005 年以来, 中央落实一系列惠农政策, 在外饱受漂泊之苦的孙某想回家继续经营承包地, 安定地生活。但回村后, 村委会以土地已经发包给他人为由拒绝了孙某的要求。几经协商后双方没有达成共识, 无奈之下, 孙某便向法院提起诉讼, 要求村委会返还承包地。经过庭审, 法院最后支持了孙某的诉求, 依法判决村集体将土地返还给孙某。

　　本案的关键是村集体能否随意回收撂荒土地的问题。在本案中, 村民孙某为了谋生南下打工不得以将土地撂荒, 但是这并不意味着孙某放弃了土地承包经营权。按照我国《农村土地承包法》第 26 条的规定, 既然孙某没有放弃土地承包经营权, 也没有转化为非农业户口, 此时村集体就没有收回土地的法定理由, 其回收土地的行为本身也是违法的。在这种情况下, 即使村集体将土地收回并与其他承包人建立了土地承包合同关系, 这都不影响土地承包经营权人要求村集体返还承包地。因此, 法院支持孙某请求, 要求村委会返还承包地的判决是合理且合法的。

　　关于撂荒土地的处理, 最高人民法院《关于审理涉及农村土地承包纠纷案件适用法律问题的解释》第 6 条第 1 款规定, "因发包方违法收回、调整承包地, 或者因发包方收回承包方弃耕、撂荒的承包地产生的纠纷, 按照下列情形, 分别处理：（一）发包方未将承包地另行发包，承包方请求返还承包地的，应予支持；（二）发包方已将承包地另行发包给第三人，承包方以发包方和第三人为共同被告，请求确认其所签订的承包合同无效，返还承包地并赔偿损失的，应予支持"。但属于承包方弃耕、撂荒情形的，对其赔偿损失的诉讼请求，不予支持。"在这里，需要进一步明确以下三个问题：首先，根据《农村土地承包法》的相关规定，土地承包经营人对于村集体已经收回或者重新处分的土地有权要求返还。其次，依据《土地管理法》，承包耕地的农民有履行维持土地用途的义务。最后，村集体为了地尽其用的目的收回土地并重新分配的行为是发挥土地价值的需要，该行为也具有合理性，因此在返还土地后不必给予撂荒土地的农民以补偿。

我国法律保护农民的土地承包经营权，但是又要求农民必须履行地尽其用的义务。因此，农民外出打工或者因其他理由不能耕种土地时，应当将土地依法转包或者作其他能够充分利用土地的处理。

◎法条链接：

——《中华人民共和国农村土地承包法》

第 26 条　承包期内，发包方不得收回承包地。

承包期内，承包方全家迁入小城镇落户的，应当按照承包方的意愿，保留其土地承包经营权或者允许其依法进行土地承包经营权流转。

承包期内，承包方全家迁入设区的市，转为非农业户口的，应当将承包的耕地和草地交回发包方。承包方不交回的，发包方可以收回承包的耕地和草地。

承包期内，承包方交回承包地或者发包方依法收回承包地时，承包方对其在承包地上投入而提高土地生产能力的，有权获得相应的补偿。

——最高人民法院《关于审理涉及农村土地承包纠纷案件适用法律问题的解释》

第6条第1款　因发包方违法收回、调整承包地，或者因发包方收回承包方弃耕、撂荒的承包地产生的纠纷，按照下列情形，分别处理：

（一）发包方未将承包地另行发包，承包方请求返还承包地的，应予支持；

（二）发包方已将承包地另行发包给第三人，承包方以发包方和第三人为共同被告，请求确认其所签订的承包合同无效，返还承包地并赔偿损失的，应予支持。但属于承包方弃耕、撂荒情形的，对其赔偿损失的诉讼请求，不予支持。

三、妇女离婚时的权益保护

父母离婚，孩子谁来养?

原告、被告经人介绍认识，被告郝某某由父母做主招赘到原告家中与原告家人共同生活，并于 2003 年 3 月 6 日在某乡人民政府登记结婚。共同生活期间生育男孩郝某 (2003 年 8 月 20 日出生)。在婚后 3 年内由于被告和原告及家人为生活琐事常发生矛盾，被告就和原告搬到被告的家中生活。双方在共同生活期间，又常为生活琐事发生矛盾，加之被告有殴打辱骂原告的现象，致使原告于 2012 年 12 月离家外出。原告于 2013 年 8 月 30 日向法院起诉与被告离婚，法院判决不准离婚后，双方关系未能和好。原告再次诉至法院离婚，请求依法判处：(1) 与被告离婚；(2) 男孩由原告抚养，被告承担抚养费；(3) 诉讼费由被告承担。被告郝某某辩称：(1) 为了孩子健康成长，我不同意离婚；(2) 如果要离婚，男孩由我抚养，原告每月承担孩子抚养费 1500 元。

二审法院认为：原、被告系合法登记后结婚，共同生活期间生育一男孩，说明夫妻之间有良好的感情基础。但在一审法院判决不准予双方离婚后，原、被告双方关系未能和好，加之原告再次向法院起诉离婚，说明夫妻感情已完全破裂，也没有和好的希望，故原告要求离婚的请求，法院予以支持。该案受理后，经核实男孩郝某于2003年8月20日出生，现在已满11周岁，根据最高人民法院《关于人民法院审理离婚案件处理子女抚养问题的若干具体意见》："父母双方对十周岁以上的未成年子女随父或随母生活发生争执的，应考虑该子女的意见"的规定，法院依法向男孩郝某征求了愿意跟谁共同生活的书面意见，男孩郝某表明愿意跟父亲共同生活，故原告要求抚养男孩的请求，法院不予支持，男孩郝某应由被告抚养为宜。被告要求：原告每月承担孩子1500元抚养费的意见于法无据，法院不予采纳。依据查明的事实证明，原告作为一名农村妇女在外打工，没有固定的正式职业，其经济能力来源有限，让其过高地承担男孩的抚养费，是对原告合法权益的侵害，原告承担抚养费的能力应和当地的实际生活水平相符，原告应承担男孩每月300元的抚养费为宜。为确保社会稳定和家庭和睦，依照《中华人民共和国婚姻法》第32条、第37条、第38条之规定，判决：（1）准予原告黄某某与被告郝某某离婚。（2）男孩郝某随被告郝某某共同生活，原告黄某某每月承担孩子抚养费300元，从2015年1月起至孩子18周岁止，每年12月30日前付清当年度的抚养费。原告黄某某享有探视权。案件受理费300元，由原告黄某某负担。

本案的争议焦点有三个：一为是否准予原、被告离婚；二为原、被告婚生子女郝某跟谁在一起生活；三为孩子的抚养费问题。

对于争议焦点一，《婚姻法》第 32 条对此作出了明确的制度安排，即对于人民法院审理的离婚类案件，法院应先行调解，如确实发生了符合离婚的情况，调解无效，法院应准予离婚。我国秉持婚姻自由的原则，其包含结婚自由和离婚自由两方面内容，其中离婚自由，是指那些感情已经破裂、无法和好的婚姻，甚至是痛苦的婚姻，能够通过法定程序解除婚姻关系，并使他们有可能重新建立幸福美满的婚姻。结合本案，原告于 2013 年 8 月 30 日向法院起诉与被告离婚，因法院坚持注重调解的原则，尽量挽救夫妻感情未完全破裂的婚姻，当时未判决双方离婚，后原告再次起诉离婚，该事实足以说明，原、被告间的夫妻感情已破裂，此时若仍通过外力干涉，一味盲目维持两人的夫妻关系，实属无益，甚至会因被告的家暴行为发生重大家庭事故，在此基础上，法院尊重夫妻感情完全破裂的既成事实，同时为保障妇女的人身安全，最终支持了原告的离婚诉求。

争议焦点二，首先需要明确的是离婚后的父母对子女仍享有抚养的权利和义务。法院对抚养权的判决，其实质就是对子女随离婚后的父母中的哪一方直接生活进行判决。未与子女直接生活的一方同样也享有对子女教育和抚养的权利。子女的抚养权问题，是离婚案件中普遍存在的问题，尤其是现在独生子女较多的情况下，很多离婚案件争夺子女抚养权的激烈程度已经超过了财产诉争。本案中，法院根据最高人民法院《关于人民法院审理离婚案件处理子女抚养问题的若干具体意见》第 5 条的规定，考虑了该子女的意见，将孩子意愿作为抚养权归属的重要判断标准，最终判决郝某跟随被告共同生活。为了更有利于自己争取子女抚养权，维护自己的利益，就应该了解人民法院判决小孩抚养权的法律依据。《婚姻法》规定了"有利于子女的身心健康，保障子女的合法权益"这样一个总的基本原则，但具体离婚案件中的抚养权的参考因素有哪些，下面我们将一一列明：

首先，孩子的年龄是法院的重要判决因素。《婚姻法》第36条第3款规定："离婚后，哺乳期内的子女，以随哺乳的母亲抚养为原则。"最高人民法院《关于人民法院审理离婚案件处理子女抚养问题的若干具体意见》规定"两周岁以下的子女，一般随母方生活"、"父母双方对十周岁以上的未成年子女随父或随母生活发生争执的，应考虑该子女的意见"。因此，对于哺乳期或两周岁以下的子女，母亲取得抚养权的可能性较大。

其次，离婚双方的基本条件，如工资收入、工作性质、文化学历、健康状况；再如，一方的思想品质、生活习惯等。这些条件会直接影响子女的健康成长，因此成为法院判决抚养权的重要考量因素。

再次，子女的生活习惯、生活环境也是重要因素。如果双方离婚，但有一方距离学校较近，或生活小区成熟，或经常照顾孩子起居，子女随其生活时间较长，对孩子入学、生活最为有利，当然得到抚养权的可能性就会更大。

最后，双方家庭基本条件也是法院判决的重要参考。现代的生活节奏较快，很多时候，孩子往往不是由夫妻任何一方带，特别对于学龄前儿童，往往是（外）祖父母带。因此，（外）祖父母的基本情况也是影响抚养权的一个重要方面。同时，夫妻双方家庭成员情况，也是法院考虑的因素，对于子女抚养这个问题，不仅仅考虑经济上的问题，还要考虑家庭的影响，因此，夫妻双方是否独生子女，是否丧失生育能力，是否还有其子女，也会成为更需要、更适宜抚养小孩的因素。

关于本案的争议焦点三，即孩子的抚养费问题，其主要包括两方面内容：一是抚养费的数额；二是抚养费的给付期间。抚养费数额的考察因素有很多，如子女的实际需要、父母双方的负担能力、当地的实际生活水平都会影响到抚养费的高低。本案中，被告要求法院判决原告应每月给付 1500 元的抚养费，而结合原告的自身状况，其没有固定的正式职业，仅有在外的务工费作为生活来源，可以说经济能力极其有限，故从保护妇女利益和原告的实际经济状况出发，法院最终公允地判决原告应承担男孩每月 300 元的抚养费。当然，根据相关法律的规定，若出现特殊情况，如原告难以生活自理或孩子的生活必需费用显著增加，原先规定的抚养费已难以维持生计，则双方可通过协商或者诉讼的途径对该抚养费的金额进行变更。对于抚养费的给付期间，法院根据"抚育费的给付期限，一般至子女 18 周岁为止"的规定，判决原告从 2015 年 1 月起至孩子 18 周岁止。

离婚案件中的典型纠纷即是子女的抚养权问题，广大妇女朋友在争取抚养权问题上，不能仅盲目从感性出发，强调自己抚养孩子的意愿，而应该把握法院的裁判要点，了解在什么情形下，较易取得法官的认同，并有针对性地在法庭上陈述自己取得抚养权的有利因素。

◎法条链接：

——《中华人民共和国婚姻法》

第 32 条　男女一方要求离婚的，可由有关部门进行调解或直接向人民法院提出离婚诉讼。

人民法院审理离婚案件，应当进行调解；如感情确已破裂，调解无效，应准予离婚。

有下列情形之一，调解无效的，应准予离婚：

（一）重婚或有配偶者与他人同居的；

（二）实施家庭暴力或虐待、遗弃家庭成员的；

（三）有赌博、吸毒等恶习屡教不改的；

（四）因感情不和分居满二年的；

（五）其他导致夫妻感情破裂的情形。

一方被宣告失踪，另一方提出离婚诉讼的，应准予离婚。

第 36 条　父母与子女间的关系，不因父母离婚而消除。离婚后，子女无论由父或母直接抚养，仍是父母双方的子女。

离婚后，父母对于子女仍有抚养和教育的权利和义务。

离婚后，哺乳期内的子女，以随哺乳的母亲抚养为原则。哺乳期后的子女，如双方因抚养问题发生争执不能达成协议时，由人民法院根据子女的权益和双方的具体情况判决。

第 37 条　离婚后，一方抚养的子女，另一方应负担必要的生活费和教育费的一部或全部，负担费用的多少和期限的长短，由双方协议；协议不成时，由人民法院判决。

关于子女生活费和教育费的协议或判决，不妨碍子女在必要时向父母任何一方提出超过协议或判决原定数额的合理要求。

第 38 条　离婚后，不直接抚养子女的父或母，有探望子女的权利，另一方有协助的义务。

行使探望权利的方式、时间由当事人协议；协议不成时，由人民法院判决。

父或母探望子女，不利于子女身心健康的，由人民法院依法中止探望的权利；中止的事由消失后，应当恢复探望的权利。

——最高人民法院《关于人民法院审理离婚案件处理子女抚养问题的若干具体意见》

第 5 条　父母双方对十周岁以上的未成年子女随父或随母生活发生争执的，应考虑该子女的意见。

第 7 条　子女抚育费的数额，可根据子女的实际需要、父母双方的负担能力和当地的实际生活水平确定。

有固定收入的，抚育费一般可按其月总收入的 20% 至 30% 的比例给付。负担两个以上子女抚育费的，比例可适当提高，但一般不得超过月总收入的 50%。

无固定收入的，抚育费的数额可依据当年总收入或同行业平均收入，参照上述比例确定。

有特殊情况的，可适当提高或降低上述比例。

第 11 条　抚育费的给付期限，一般至子女十八周岁为止。

十六周岁以上不满十八周岁，以其劳动收入为主要生活来源，并能维持当地一般生活水平的，父母可停止给付抚育费。

夫妻离婚，家产怎么依法分配？

　　刘某某（女）与雷某某于 1982 年下半年经人介绍确立恋爱关系，1983 年 11 月 10 日登记结婚。因无法生育，双方于 1995 年 12 月 18 日收养一女取名为雷某，现雷某在外打工，以其打工收入为主要生活来源。双方婚后因性格不合，经常发生争吵。2011 年 12 月 8 日，刘某某以与雷某某感情破裂为由提起诉讼，要求与雷某某离婚。2011 年 12 月 28 日，原审法院判决刘某某、雷某某不准离婚。2012 年 8 月 15 日，刘某某再次提起诉讼，请求判令刘某某与雷某某离婚，夫妻共同财产——坐落在某县板桥乡板桥村的住房，归刘某某所有。另查明，刘某某、雷某某婚后有共同债务：欠某县板桥乡农村信用社贷款 15000 元。无共同债权，无共同存款。

　　一审法院判决："一、原告刘某某请求与雷某某离婚，法院予以准许；二、原、被告夫妻关系存续期间的共同财产：坐落在某县板桥乡板桥村五组的住宅一栋归原告刘某某所有，由原告刘某某补偿被告雷某某现金 24000 元；三、共同债务：欠某县板桥乡农村信用社贷款 15000 元，原、被告各负责偿还一半。本案案件受理费 200 元，减半收取 100 元，由原告刘某某承担。"

　　上诉人雷某某不服原审判决，向法院提起上诉，请求二审撤销原审判决，改判双方共同住宅归上诉人所有，被上诉人个人贷款由其个人负责偿还，婚姻存续期间刘某某借给刘某某姐妹的几千元现金，应为夫妻共同财产，请求依法平分，近几年上诉人用于治病和生活开支的几千元外债，刘某某要承担一半，并由被上诉人给予上诉人经济帮助20000元。被上诉人刘某某请求，二审驳回上诉，维持原判。

二审法院认为，本案争议的焦点为：（1）刘某某是否应给予雷某某经济帮助；（2）双方在夫妻婚姻存续期间的债权、债务问题；（3）夫妻共同所有的住房判归谁所有为宜。

第一，关于刘某某是否应给予雷某某经济帮助的问题。二审法院认为，给予适当经济帮助的条件是一方离婚后依靠个人财产和离婚时分得的财产无法维持当地基本生活水平。而另一方须具有给予帮助的经济能力。如另一方自己也生活困难，或者只能勉强维持生活，即不负担给予经济帮助义务。本案雷某某系下岗职工，享受国家低保，其虽然患有贫血、胃炎、肝功能不全疾病，但并未丧失劳动能力，只要其愿意工作，应可维持当地基本生活水平。而刘某某系农村妇女，现靠在外打工维持生活，生活较为困难。因此雷某某不具有给予适当经济帮助的条件，故雷某某上诉要求刘某某给予其经济帮助的上诉理由不成立。法院不予支持。

第二，关于双方在婚姻存续期间的债权、债务问题。雷某某在二审时提出其向雷某林、雷某保、雷某国、雷某德借了款，并提供了雷某林、雷某保、雷某国、雷某德出示的证明，同时申请雷某林、雷某保出庭作证。由于雷某林、雷某保、雷某国、雷某德与雷某某系亲戚，存在利害关系，而刘某某对该借款并不知情，予以否认，法院不能核实该借款的真实性。雷某某没有提供其他充分证据证明其向雷某林、雷某保、雷某国、雷某德借款的事实，雷某某的该项上诉理由不成立。对于雷某某上诉提出在婚姻存续期间将几千元现金借给了刘某某的姐妹，该债权应为夫妻共同财产，由于雷某某没有提供任何证据予以证实，故雷某某的该项上诉理由同样不能成立。对于刘某某的贷款，因该贷款的时间是在夫妻关系存续期间，应认定为夫妻共同债务，并由双方共同偿还。

第三，关于夫妻共有住房归谁为宜的问题。本案夫妻属共同财产的住房仅为一栋，因无法分割，只能判归一方所有，由该方补偿房屋价值的一半价格给对方。由于刘某某除该住房外无其他住处，而雷某某除该住房外尚有属其婚前财产的老住房一栋。依照该情况，夫妻双方共有住房应归刘某某所有为宜，故一审判决夫妻共同财产住房一栋归刘某某所有，由刘某某补偿雷某某该房屋价值的一半，即补偿雷某某现金 24000 元，并无不当。雷某某上诉提出夫妻共同所有的房屋应判归其所有的理由不成立，法院不予支持。

综上，一审判决认定事实清楚，适用法律正确，应予以维持。依照《中华人民共和国民事诉讼法》第 170 条第 1 款第（一）项之规定，判决：驳回上诉，维持原判。二审案件受理费 200 元，由上诉人雷某某负担。

本案主要涉及夫妻双方离婚时的财产分割问题，结合司法实践，人民法院在审理离婚案件分割夫妻共同财产时，一般遵循以下原则：

（1）男女平等原则。男女平等原则既反映在《婚姻法》的各条法律规范中，又是人民法院处理婚姻家庭案件的办案指南。该原则体现在离婚财产分割上，就是夫妻双方有平等地分割共同财产的权利，平等地承担共同债务的义务。

（2）照顾子女和女方利益原则。这里的"照顾"，既可以在财产份额上给予女方适当多分，也可以在财产种类上将某项生活特别需要的财产，比如住房，分配给女方。毕竟从习惯、从传统因素的影响所造成的障碍上、从妇女的家务负担、生理特点上讲，离婚后一般妇女在寻找工作和谋生能力上也较男子要弱，更需要社会给予更多的帮助。同时，在分割夫妻共同财产时，要特别注意保护未成年人的合法财产权益。未成年人的合法财产不能列入夫妻共同财产进行分割。

（3）有利生活、方便生活原则。在离婚分割共同财产时，不应损害财产效用、性能和经济价值。在对共同财产中的生产资料进行分割时，应尽可能分给需要该生产资料、能更好发挥该生产资料效用的一方；在对共同财产中的生活资料进行分割时，要尽量满足个人专业或职业需要，以发挥物的使用价值。不可分物按实际需要和有利发挥效用原则归一方所有，分得方应依公平原则，按离婚时的实际价值给另一方相应的补偿。

（4）权利不得滥用原则。离婚分割夫妻共同财产时不得把属于国家、集体和他人所有的财产当做夫妻共同财产进行分割，不得借分割夫妻共同财产的名义损害他人合法利益。

（5）夫妻一方所有的财产，在共同生活中消耗、毁损、灭失的，另一方不予补偿。这是司法实践经验的总结，符合夫妻关系和婚姻生活本质的要求，有利于避免不必要的纠纷。

本案中，法院也正是基于以上原则作出了公允的判决。

首先，在被上诉人是否给予上诉人经济帮助方面，法院综合考虑了双方的经济水平及被告的身体状况，认为被上诉人作为一名普通的农村妇女，没有稳定的收入来源，仅靠在外打工维持生活，生活条件极其有限，而上诉人虽存在现实困难，但通过自身劳动仍能维持生计，不满足《婚姻法》第42条规定的"生活困难"情形，因此，法院从公平的角度出发，否决了上诉人要求被上诉人提供经济帮助的请求。

其次，对于双方在夫妻婚姻存续期间的债权、债务问题上，要注意证据使用的两个重要方面：一是谁主张谁举证。谁承担举证不足的败诉风险的问题。二是证据的证明力问题。本案中，上诉人声称在婚姻存续期间被上诉人将几千元的现金借给了被上诉人的姐妹，若上诉人可以证明其所言属实，则该债权应为夫妻共同财产，上诉人可得到该债权的一半，但是迫于证据缺失，该诉请未能被法院支持。对于上诉人提出的向亲戚借款的事实，由于上诉人与借款人之间的亲属关系，其之前极易发生恶意串通伪造借款事实的情形，而上诉人提供的借款证明及借款人的出庭证言的证明力又极其有限，均无法辅助证明该借款的真实性，增强证据的证明力。因此，法院对于上诉人声称的借款事实也未加以确认。而对于被上诉人提出的贷款问题，因被上诉人保有证据，且该证据的证明效力足以证明该贷款属于夫妻共同债务，因此，法院驳回了被上诉人关于该贷款属于被上诉人个人债务的诉请。

最后，在夫妻共有住房的所有权分配上，上诉人除该住房外尚有一套住房，而被上诉人除此住房再无住所，且作为一名农村的离婚妇女，没有稳定的收入来源，仅能靠在外打工维持生活，其收入水平难以负担一所住房的费用，此外，该房屋位于被上诉人娘家所在处，系板桥村集体土地上的房屋，而被上诉人正是板桥村集体经济组织成员，将其判决给被上诉人更有利于该房屋效用、经济价值的发挥，也便于被上诉人的生产、生活，因此，从公平角度及照顾女方的利益出发，法院最终认为，该住房应为被上诉人所有。但鉴于该住房为夫妻共同财产，被上诉人应补偿上诉人该房屋价值的一半。

需要注意的是，中国传统的"男主外，女主内"家庭模式在小城镇、农村普遍存在。为了男方的事业，女方放弃了外出挣钱的机会，在家照顾老人、孩子。而对男方收入及财产经营状况毫不知情。一旦男方提出离婚，女方只能就现有的房产、物质进行分割，无法就婚后男方在外财产状况提供相关证据，致使离婚案件分割夫妻共同财产时，对于女方，财产越来越少，"共同债务"却越来越多。而且由于女方当事人未能提供共同财产的证据，其主张可能不会得到法院的支持，导致事实上不公正的家庭财产分割，存在合法不合理的现象。《婚姻法》第40条规定，"一方因抚育子女、照料老人、协助另一方工作等作出较多义务的，离婚时有权向另一方请求补偿，另一方应当给予补偿"。在实际生活中，男人外出务工挣钱，妇女在家照顾老人、孩子的现象普遍存在，基于此，在离婚案件中，广大妇女应在实事求是的原则上，向法院说明自己在婚姻家庭中作出了较多贡献，并向法院表明作为一个农村妇女离婚后存在的生活困难，法院一般会站在女方的特殊立场，多加照顾女方的利益，在行使自由裁量权时对女方进行适当补偿，作出公平的裁判。

◎**法条链接：**

——《中华人民共和国婚姻法》

第32条　男女一方要求离婚的，可由有关部门进行调解或直接向人民法院提出离婚诉讼。

人民法院审理离婚案件，应当进行调解；如感情确已破裂，调解无效，应准予离婚。

有下列情形之一，调解无效的，应准予离婚：

（一）重婚或有配偶者与他人同居的；

（二）实施家庭暴力或虐待、遗弃家庭成员的；

（三）有赌博、吸毒等恶习屡教不改的；

（四）因感情不和分居满二年的；

（五）其他导致夫妻感情破裂的情形。

一方被宣告失踪，另一方提出离婚诉讼的，应准予离婚。

第39条　离婚时，夫妻的共同财产由双方协议处理；协议不成时，由人民法院根据财产的具体情况，照顾子女和女方权益的原则判决。

夫或妻在家庭土地承包经营中享有的权益等，应当依法予以保护。

第41条　离婚时，原为夫妻共同生活所负的债务，应当共同偿还。共同财产不足清偿的，或财产归各自所有的，由双方协议清偿；协议不成时，由人民法院判决。

第42条　离婚时，如一方生活困难，另一方应从其住房等个人财产中给予适当帮助。具体办法由双方协议；协议不成时，由人民法院判决。

离婚妇女的土地权益如何维护？

　　陈某（女）自出生后户籍便登记在大寨四组，系该村组合法村民。1996 年 1 月，陈某与外地居民任某登记结婚，但陈某户籍并未迁出，1997 年 4 月 17 日，陈某与任某生育一子任某某，任某某的户籍随其母亲登记在大寨四组。2002 年 9 月，陈某与任某在法院调解离婚。2012 年 5 月，因建设某新城商务中心征用大寨四组部分土地，其后大寨四组分三次将征地补偿款向该组每位村民进行了分配。2013 年 8 月 23 日向每位村民分配征地补偿款 15730 元，该款项向陈某进行了分配，但未向任某某分配。2013 年 10 月 7 日向每位村民分配征地补偿款 4330 元，未向陈某、任某某分配该款项。2013 年 10 月 23 日向每位村民分配征地补偿款 16400 元，仍然未向两原告分配。现两原告请求法院判决大寨四组向其支付征地补偿款，并承担诉讼费用。

　　本案的争议焦点为两原告是否有权利获得相关征地补偿费。

　　首先要解决该村征地补偿分配方案的效力问题，若该方案有效，则原告关于补偿款的诉请应不予支持；否则，应予以支持。根据最高人民法院《关于审理涉及农村土地承包纠纷案件适用法律问题的解释》第 24 条的规定："征地补偿安置方案确定时已经具有本集体经济组织成员资格的人，请求支付相应份额的，应予支持。"结合本案事实：原告陈某虽与外地居民结婚，并于 2002 年 9 月在法院调解离婚，但此期间及以后，陈某的户籍并未迁出，仍登记在大寨四组。1997 年 4 月 17 日，陈某与任某生育一子任某某，任某某的户籍也随其母亲登记在大寨四组。综上，可以依法认为，陈某、任某某在征地补偿安置方案确定时已经具有本集体经济组织成员，应享有获得相关征地补偿款的权利。在 2013 年 8 月 23 日的分配中，被告向陈某分配了 15730 元的征地补偿款，其实际上，也已承认陈某为本集体经济组织的成员。该村的征地补偿方案虽系经民主议定程序产生，但该分配方案不能侵害个人的正当合法权益，且陈某为离婚的农村妇女，又有孩子需要照顾，其基本生活保障即来源于农村家庭承包地，再无其他生活经济来源，若该地块被征收时再无任何补偿，实属违背人之常情，悖于公平。因此，不管是在合法性上，还是在合理性上，两原告均有权利获得相关征地补偿费。

受封建思想的影响，妇女与男子在社会地位中的不平等仍然在社会生活的某些领域存在，涉及农村妇女最直接的体现是土地承包经营权受侵害，有的以村民代表会议或村民大会决议、村委会决定或乡规民约的形式，剥夺妇女的土地承包权和集体经济组织收益分配权；有的地方出嫁妇女户口被强行迁出，承包的土地被强行收回，特别是一些人多地少、土地经济价值高的农村或者以耕地为主的贫困地区，出嫁后婆家不分地，娘家又把土地收回。本案的主体更为特殊，为离婚妇女。该案例颇具代表性，即告诉广大妇女在维护自己的土地承包经营权及相关利益时，一定要有法有据，不管是离婚妇女，还是出嫁妇女，在娘家或者婆家中任意一方，保有集体经济组织成员资格，即是相关纠纷中权益保障的法律支撑点。

◎法条链接：

——《中华人民共和国民法通则》

第5条　公民、法人的合法的民事权益受法律保护，任何组织和个人不得侵犯。

——最高人民法院《关于审理涉及农村土地承包纠纷案件适用法律问题的解释》

第24条　农村集体经济组织或者村民委员会、村民小组，可以依照法律规定的民主议定程序，决定在本集体经济组织内部分配已经收到的土地补偿费。征地补偿安置方案确定时已经具有本集体经济组织成员资格的人，请求支付相应份额的，应予支持。但已报全国人大常委会、国务院备案的地方性法规、自治条例和单行条例、地方政府规章对土地补偿费在农村集体经济组织内部的分配办法另有规定的除外。

——《中华人民共和国婚姻法》

第39条　离婚时，夫妻的共同财产由双方协议处理；协议不成时，由人民法院根据财产的具体情况，照顾子女和女方权益的原则判决。

夫或妻在家庭土地承包经营中享有的权益等，应当依法予以保护。

——《中华人民共和国农村土地承包法》

第6条　农村土地承包，妇女与男子享有平等的权利。承包中应当保护妇女的合法权益，任何组织和个人不得剥夺、侵害妇女应当享有的土地承包经营权。

第30条　承包期内，妇女结婚，在新居住地未取得承包地的，发包方不得收回其原承包地；妇女离婚或者丧偶，仍在原居住地生活或者不在原居住地生活但在新居住地未取得承包地的，发包方不得收回其原承包地。

未办理结婚登记，彩礼和礼金是否应该返还？

2008 年 5 月 1 日，金某与隔壁村的朱某（女）经人介绍相识并确立恋爱关系。2009 年 1 月 3 日，在朱某的父母家中，金某通过媒人姜某将彩礼 28600 元转交至朱某的父亲朱老某手上，随后朱某家回礼 800 元，实际收到彩礼为 27800 元。同年 1 月 21 日，金某与朱某在未办理结婚登记手续的情况下在村里举办了结婚仪式并同居生活，朱某将其置办的格力牌空调一台、韩电牌冰箱一台、电吹风一个、箱子两只、被子两床、脸盆两只、水瓶两只、毛巾四条、装饰灯两只、装饰茶几一个、塑料杯两只及其衣服、鞋子、化妆品等物品作为“结婚”陪嫁物品带至金某家。同年 1 月 28 日，朱某离开金某家，下落不明。在找不到朱某的情况下，金某多次向朱老某要求返还彩礼，均遭拒绝，因此金某向法院起诉，要求朱老某返还彩礼 27800 元。而朱老某则认为，其女儿朱某与金某按农村习俗举办结婚仪式后同居生活，准备择日办理结婚登记手续。后金某因琐事猜疑并殴打朱某，致其离家出走，下落不明。金某声称的通过媒人将结婚礼钱给朱某的事情，朱老某本人未收到彩礼。当时回礼 800 元给金某，朱某将礼钱购买冰箱、空调、首饰、衣服等陪嫁物品及朱老某本人出资 3200 元作“押箱钱”合计价值 27300 元带至金某家。因此对于金某主张的返还彩礼不予认可。

法院经过审理认为，金某与朱某未办理结婚登记手续，按当地习俗举行婚礼后同居生活，双方同居时间在 1994 年 2 月 1 日民政部《婚姻登记条例》公布实施以后，故双方系同居关系。金某与朱某同居几天后即分居生活，朱某和朱老某以婚约为由收取了金某的彩礼。根据婚姻法司法解释的有关规定，双方未办理结婚登记，按照习俗给付彩礼的一方有权请求返还。原、被告之间所交付的小额礼金、礼品，符合当地礼尚往来的风俗习惯，属赠与行为，不属于彩礼，故对金某要求返还"见面礼"等礼金的诉讼请求不予支持。金某给付朱某彩礼，按习俗是给予朱某的家庭，而不是仅给朱某一人，事实上接受彩礼的亦是朱老某与朱某二人，故应由朱老某和朱某共同返还彩礼。由于双方对勘验的陪嫁物品价格未协商一致，而朱老某不同意原物返还，故可酌情按金某认可的 7075 元确定陪嫁物品价值。朱老某提供诉讼中补开的韩电牌冰箱 2780 元收据一张，因该收据不是正式发票，金某亦不认可，故不予认定。金某对朱老某辩称"押箱钱"及其他陪嫁物品在金某处予以否认，朱老某未向法庭提供证据予以证实，因此法庭对朱老某该辩称亦不予认定。综上，朱某在和金某同居前与朱老某共同生活，且彩礼是由朱某的家庭收取，因此对于朱老某辩称其未收到彩礼、请求驳回诉讼请求的抗辩意见不予采纳。金某与朱某在确立婚约关系后给付朱某的彩礼 27800 元，朱某陪嫁物品价值应从彩礼中扣除；并且，因金某与朱某曾短暂同居，故朱老某、朱某二人应酌情返还彩礼。

本案涉及男女双方在未办理结婚登记的情况下以夫妻名义生活，后分开的彩礼及礼金返还问题。虽然我国现行法律规定，婚姻必须经过在民政部门的登记程序后方为合法有效的婚姻，但由于在我国的传统文化中，一些地方仍旧有以办喜酒举办结婚仪式等作为男女双方婚姻成立的标志。对此，我国在

1994 年由民政部出台了《婚姻登记管理条例》，同时在婚姻法的司法解释中规定，按《婚姻法》第 8 条规定未办理结婚登记而以夫妻名义共同生活的男女，起诉到人民法院要求离婚的，应当区别对待：（1）1994 年 2 月 1 日民政部《婚姻登记管理条例》公布实施以前，男女双方已经符合结婚实质要件的，按事实婚姻处理；（2）1994 年 2 月 1 日民政部《婚姻登记管理条例》公布实施以后，男女双方符合结婚实质要件的，人民法院应当告知其在案件受理前补办结婚登记；未补办结婚登记的，按解除同居关系处理。在 1994 年 2 月 1 日后男女双方若没有办理结婚登记，则法律认定为同居关系，同居关系与受到国家法律保护的婚姻关系并不相同，目前我国尚未出台专门规制同居关系的法律法规。婚姻法司法解释充分考虑到了我国的传统习俗仍有相当程度的存在空间，嫁妆与彩礼是我国传统婚姻中男女双方家庭结合的一项程序，对于双方以结婚为目的在一起，举办了结婚仪式并以夫妻名义生活的同居关系，在双方分开后可能涉及的彩礼和礼金的返还问题，也作出了相应规定，即当事人双方未办理结婚登记手续的，请求返还按照习俗给付的彩礼的，人民法院应当予以支持。

　　在本案中，金某与朱某二人的关系即为典型的同居关系，二人经媒人介绍后认识，相互之间经过了下聘礼和返嫁妆等程序，并办了喜酒等结婚仪式，起到了一定的公示公信作用，邻里乡亲均认为两人就是夫妻。但由于未经民政部门的登记程序，两人的同居关系并不受到婚姻法的保护，在共同生活了一段时间后，朱某即离开金某家，根据风俗习惯应当认定两人感情破裂无法继续共同生活，在这种情况下，金某要求朱某返还彩礼和礼金的主张是受到法律支持的，在有证据证明的数额内，朱某应当返还金某礼金。同时由于交付礼金并非针对朱某个人，而是针对朱某的家庭，因此法院认为应当由朱某和朱某的父亲朱老某共同返还确定金额的礼金是正确的。

◎法条链接:

——《中华人民共和国婚姻法》

第8条　要求结婚的男女双方必须亲自到婚姻登记机关进行结婚登记。符合本法规定的，予以登记，发给结婚证。取得结婚证，即确立夫妻关系。未办理结婚登记的，应当补办登记。

——最高人民法院《关于适用〈中华人民共和国婚姻法〉若干问题的解释（一）》

第5条　未按婚姻法第八条规定办理结婚登记而以夫妻名义共同生活的男女，起诉到人民法院要求离婚的，应当区别对待：

（一）1994年2月1日民政部《婚姻登记管理条例》公布实施以前，男女双方已经符合结婚实质要件的，按事实婚姻处理；

（二）1994年2月1日民政部《婚姻登记管理条例》公布实施以后，男女双方符合结婚实质要件的，人民法院应当告知其在案件受理前补办结婚登记；未补办结婚登记的，按解除同居关系处理。

——最高人民法院《关于适用〈中华人民共和国婚姻法〉若干问题的解释（二）》

第1条第1款　当事人起诉请求解除同居关系的，人民法院不予受理。但当事人请求解除的同居关系，属于婚姻法第三条、第三十二条、第四十六条规定的"有配偶者与他人同居"的，人民法院应当受理并依法予以解除。

第 10 条 当事人请求返还按照习俗给付的彩礼的，如果查明属于以下情形，人民法院应当予以支持：

（一）双方未办理结婚登记手续的；

（二）双方办理结婚登记手续但确未共同生活的；

（三）婚前给付并导致给付人生活困难的。

适用前款第（二）、（三）项的规定，应当以双方离婚为条件。

出嫁女对娘家用益物权相关利益的继承权

2006 年 5 月，某城中村胡女士离婚后回到娘家（娘家父母已经去世）居住，当时正好赶上该城中村进行征地改造，娘家所有人都按人数分到住房补助和土地补偿费，而胡女士却因已经出嫁，户籍不在本村，不属于该村成员，没有资格获得相应的补助。胡女士已离婚且娘家父母去世时按当地传统习俗没能继承到相应的遗产，即土地承包经营权、房子及其他财产，她面临无处可去、无房可住的境地。胡女士多次向当地政府反映这一情况，政府的回答是，按家庭现有在籍人数分房和发放补助，每家每户都按规定分房及给予经济补偿，政府部门建议胡女士向她的兄弟分割应得的房子和补助。胡女士也多次向自己的兄弟提出过分房分钱的要求，但她的哥哥嫂嫂们都一致认为，"嫁出去的女儿，泼出去的水"，她已经出嫁，不属于这个家庭的成员，没有分房分钱的资格与权利，坚决不给她相应的房子和补偿。为此，胡女士和她的哥哥嫂嫂们都闹翻了脸，但还是什么都没有得到，悲观无助的胡女士最后向妇联求助，请求妇联出面予以帮助与解决。

出嫁女如果在新居住地未取得承包地的，仍然享有原居住地的承包地，如遇到征地拆迁，可以获得土地补偿安置费用。

那么如果出嫁女的合法权利受到侵害，如何维护自己的权利呢？一般来说，可以通过如下途径维权——可以先请求村民委员会、乡（镇）人民政府等调解解决；协商、调解不成的，可以向农村土地承包仲裁机构申请仲裁，当然也可以直接向人民法院起诉。

本案的问题在胡女士父母去世时已埋下伏笔，自其父母去世时起，胡女士即应该争取自己的合法继承权。若胡女士的继承权尚未超过诉讼时效，则可通过诉讼途径来解决，若超过，则只能承受不积极主张权利的后果。因此，要树立维权意识，尽早行使自身的合法权益。

◎**法条链接：**

——《中华人民共和国农村土地承包法》

第6条　农村土地承包，妇女与男子享有平等的权利。承包中应当保护妇女的合法权益，任何组织和个人不得剥夺、侵害妇女应当享有的土地承包经营权。

第20条　耕地的承包期为30年。草地的承包期为30年至50年。林地的承包期为30年至70年；特殊林木的林地承包期，经国务院林业行政主管部门批准可以延长。

第30条　承包期内，妇女结婚，在新居住地未取得承包地的，发包方不得收回其原承包地；妇女离婚或者丧偶，仍在原居住地生活或者不在原居住地生活但在新居住地未取得承包地的，发包方不得收回其原承包地。

第31条　承包人应得的承包收益，依照继承法的规定继承。

林地承包的承包人死亡，其继承人可以在承包期内继续承包。

第53条　任何组织和个人侵害承包方的土地承包经营权的，应当承担民事责任。

——《中华人民共和国继承法》

第8条　继承权纠纷提起诉讼的期限为2年，自继承人知道或者应当知道其权利被侵犯之日起计算。但是，自继承开始之日起超过20年的，不得再提起诉讼。

尽到赡养义务的出嫁女的继承权

【案例1】

徐老汉有四个儿子和两个女儿，生活中饮食起居通常由两个女儿照顾，四个儿子对他的赡养不如两个女儿多。2004年7月，徐老汉因交通事故不幸去世，留下遗产有三间窑洞和其他家用财产若干及肇事司机赔偿款60000元。料理完徐老汉的丧事后，徐老汉的四个儿子将所有遗产平分而没有给两个姐妹一点遗产，两个姐妹觉得非常委屈，她们觉得自己对父亲照顾那么多理应得到相应的遗产，抱着试试看的心态向四个兄弟提出分割相应遗产的要求，没想到四个兄弟不但不给相应的遗产，还说："嫁出去的女儿泼出去的水，女儿没有继承权。"

【案例2】

2012年10月12日，某县法院一审审结一起所有权确认纠纷案，弟弟王某林私自出售父母遗留房产，四个已出嫁姐姐知道后起诉维护自身权益，法庭经过审理，依法支持了原告的主张。法院审理查明：原告王某甲、王某乙、王某丙、王某丁与被告王某林系兄弟姐妹关系。1988年，四原告和被告王某林的父亲王某和母亲杨某在某社区建有六间房屋，并办理了房屋所有权证。2001年至2008年，父亲王某、母亲杨某相继去世，去世前未留下遗嘱，四原告和被告王某林在父母去世后也一直未对遗产进行分割。后来被告王某林以38000元的价格将该房产卖给李某，四原告得知后诉至法院，要求依法确认四原告和被告王某林共同共有该房产，买卖合同无效。被告王某林辩称，按照农村风俗出嫁女没有继承权，自己作为唯一的男孩对父母留下的遗产享有全部的所有权。法院审理后认为：该房产原为王某与杨某夫妻共同财产，两人去世，其法定继承人有原告王某甲、王某乙、王某丙、王某丁与被告王某林，其五人均未表示放弃继承权。根据我国继承法的相关规定，该房产所有权依法应当为上述人员共同共有，四原告请求确认与被告王某林共同共有争议房产符合法律规定，法院予以支持。对共同共有的房产，任何共有人擅自签订合同处分的行为未经其他共有权人认可都是无效的，被告王某林与李某签订的售房协议无效。遂根据我国继承法和合同法的相关规定支持了四原告的诉讼请求。

首先，无论妇女是否出嫁，对其父母的遗产都与处于同一继承顺位的男性有同等的权利。所谓同一继承顺位，《继承法》第13条有明确的规定，上述案例的情况就是第一顺位继承人之间的继承纠纷。在此基础上，根据《继承法》第13、14条的规定，如果女儿对父母尽到主要赡养义务或者生活困难等可以要求多分。案例二中，出嫁女对父母履行了主要赡养义务，不仅可以按份分得遗产，而且可以要求多分。

农村妇女继承权益保护的关键不仅在于为其争取本身拥有的权利，更重要的一环是在争取权利的基础上，妥善安抚其他家庭成员。受传统思想影响，认为"嫁出去的女儿，泼出去的水"，兄弟为了私利而争夺属于姐妹的遗产，而尚在人世的一方长辈也有很大的可能站在男性晚辈一方。为争得一份可能并不多的遗产而伤害兄弟姐妹之间甚至是尚在人世的双亲一方的感情，会在很大程度上伤害妇女的情感，这也是妇女在很多时候让步的重要原因。因此，妇女在寻求途径保护自身合法权益的时候，也要有侧重、有选择。请族内长辈或者基层干部进行调解，然后再通过正式的法律途径解决，寻求仲裁以及法院调解或裁判，有理有据也有情有义，既维护自身权益，也尽可能保护家人感情。

◎法条链接：

——《中华人民共和国继承法》

第9条　继承权男女平等。

第10条　遗产按照下列顺序继承：

第一顺序：配偶、子女、父母。

第二顺序：兄弟姐妹、祖父母、外祖父母。

继承开始后，由第一顺序继承人继承，第二顺序继承人不继承。没有第一顺序继承人继承的，由第二顺序继承人继承。

本法所说的子女，包括婚生子女、非婚生子女、养子女和有扶养关系的继子女。

本法所说的父母，包括生父母、养父母和有扶养关系的继父母。

本法所说的兄弟姐妹，包括同父母的兄弟姐妹、同父异母或者同母异父的兄弟姐妹、养兄弟姐妹、有扶养关系的继兄弟姐妹。

第13条　同一顺序继承人继承遗产的份额，一般应当均等。

对生活有特殊困难的缺乏劳动能力的继承人，分配遗产时，应当予以照顾。

对被继承人尽了主要扶养义务或者与被继承人共同生

活的继承人，分配遗产时，可以多分。

有扶养能力和有扶养条件的继承人，不尽扶养义务的，分配遗产时，应当不分或者少分。

继承人协商同意的，也可以不均等。

第 14 条　对继承人以外的依靠被继承人扶养的缺乏劳动能力又没有生活来源的人，或者继承人以外的对被继承人扶养较多的人，可以分给他们适当的遗产。

第 15 条　继承人应当本着互谅互让、和睦团结的精神，协商处理继承问题。遗产分割的时间、办法和份额，由继承人协商确定。协商不成的，可以由人民调解委员会调解或者向人民法院提起诉讼。

——《中华人民共和国妇女权益保障法》

第 30 条　国家保障妇女享有与男子平等的财产权利。

第 34 条　妇女享有的与男子平等的财产继承权受法律保护。在同一顺序法定继承人中，不得歧视妇女。

丧偶妇女有权处分继承的财产，任何人不得干涉。

下编　妇女犯罪与预防

一、与妇女生命权、健康权相关的犯罪

与邻居吵架后服毒自杀，法律该处罚谁？

　　2011 年 5 月 21 日早晨 5 时许，外出散步的李某在经过邻居申某（女）家门口时，因门口路上有水，即沿着申某家里面往回走，碰巧被妻子白某起来上厕所时发现。于是，白某怀疑李某与申某之间有不正当男女关系，即与李某发生争吵、撕打，随后，白某到申某家门口大声指责申某勾引其丈夫，并公然对申某进行侮辱、谩骂。申某听到后打开门出来解释并赌咒说，"我要是勾引你男人，我今年三十六岁，短我三十六岁阳寿"。随后，申某返回家中，在打电话给远在上海打工的丈夫王某哭诉后，服下一瓶农药。李某发现后与邻居将申某送往医院，但申某仍然经抢救无效死亡。白某的辱骂行为导致对方服毒自杀，是否构成故意杀人罪呢？

　　（案例来源：王平、张长海：《悍妇打翻醋坛子侮辱邻家女子致人自杀被判拘役》，中国法院网 http：//old. chinacourt. org/html/article/201109/29/465882. shtml）

在我国，自杀虽然不构成犯罪，但对引起他人自杀的行为如何处罚则存在不同的看法。在老百姓看来，某些行为虽然对自杀起的作用并不大，但如果对引起自杀者一概不罚，似乎也让人难以接受，因为，毕竟是他们的行为引起了自杀。而刑法学者一般认为，如果引起自杀的行为不是死亡结果的直接原因，则不应追究其刑事责任，一般分情况对待：（1）正当行为引起自杀的，如老师的正当批评导致学生自杀的，不负刑事责任。（2）错误行为或者轻微违法行为引起自杀的，如领导的错误批评导致下属自杀的，也不负刑事责任。在这些情况下，自杀往往是自杀者心胸狭窄引起的，对方并没有杀人的故意，也没有料到其会自杀，因而对方不构成故意杀人罪。（3）犯罪行为引起被害人自杀的，应当按其所实施的犯罪行为定罪，将被害人自杀作为量刑情节予以考虑，如强奸或暴力干涉婚姻自由引起他人自杀的，应加重处罚。

但在下列情况下，引起他人自杀的，应按故意杀人罪处罚：（1）行为人采用暴力、胁迫方法，故意置他人于走投无路的境地，迫使其自杀的。如追要赌债，逼其自杀的。（2）故意设下圈套或陷阱，或者利用被害人年幼无知或精神失常，而引导其在无意间走向自杀性死亡的。如将盲人带到悬崖前，使其坠崖死亡的。（3）故意唆使或帮助自杀的。如某些邪教组织以劝人升天为由，使其自杀的。在这些情况下，行为人明知自己的行为会导致他人自杀，仍希望或放任了自己的行为，符合我国刑法故意杀人罪的有关规定，应按故意杀人罪论处。

本案中，白某因怀疑丈夫与申某有染而辱骂对方固然不对，但白某并没有杀害对方的故意和行为，因而不构成故意杀人罪。

◎**法条链接:**

——《中华人民共和国刑法》

第 232 条　故意杀人的, 处死刑、无期徒刑或者 10 年以上有期徒刑; 情节较轻的, 处 3 年以上 10 年以下有期徒刑。

——2010 年 4 月最高人民法院刑三庭《在审理故意杀人、伤害及黑社会性质组织犯罪案件中切实贯彻宽严相济刑事政策》

实践中, 故意杀人、伤害案件从性质上通常可分为两类: 一类是严重危害社会治安、严重影响人民群众安全感的案件, 如极端仇视国家和社会, 以不特定人为行凶对象的; 一类是因婚姻家庭、邻里纠纷等民间矛盾激化引发的案件。对于前者应当作为严惩的重点, 依法判处被告人重刑直至判处死刑。对于后者处理时应注意体现从严的精神, 在判处重刑尤其是适用死刑时应特别慎重, 除犯罪情节特别恶劣、犯罪后果特别严重、人身危险性极大的被告人外, 一般不应当判处死刑。对于被害人在起因上存在过错, 或者是被告人案发后积极赔偿, 真诚悔罪, 取得被害人或其家属谅解的, 应依法从宽处罚, 对同时有法定从轻、减轻处罚情节的, 应考虑在无期徒刑以下裁量刑罚。同时应重视此类案件中的附带民事调解工作, 努力化解双方矛盾, 实现积极的"案结事了", 增进社会和谐, 达成法律效果与社会效果的有机统一。

二、侵犯妇女人身自由、性自由的犯罪与预防

一女子六年被拐两次，女性外出务工应防止被拐卖

17岁的晓燕（化名）出生于湖南某乡村，是一个思想单纯的女孩。2009年8月中旬，她和来村里卖西瓜、收废品的一名30岁左右的男子说起想去外地打工。男子非常热心地承诺可以到外地帮她找一份高薪工作。当晓燕跟着这名男子来到外地时才发现自己被骗。原来这名刘姓男子已将其高价卖给附近的一个残疾人做老婆。此后，晓燕受到殴打、恐吓、强奸、非法拘禁等非人的待遇。直至1年之后，18岁左右的晓燕怀孕并生下一名男孩，残疾人才对晓燕放松警惕，不再时刻看着她。2011年1月，晓燕偷偷跑到附近镇上一家饭店找活干，饭店老板告诉她，可以给店里的一名顾客做保姆。这样，天真的晓燕再次落入圈套，当天便被拐骗到河北，高价卖给一个老汉做老婆，再次遭受了第一次被拐卖时殴打、强奸等痛苦。后来，晓燕趁老汉不注意，偷偷跑到镇上报警才获救。

这是一个典型的拐卖农村妇女的案件。我国刑法规定了拐卖妇女罪，是指以出卖为目的，拐骗、绑架、收买、贩卖、接送、中转妇女的行为。从行为方式来看，拐骗是指以欺骗、利诱等方法将妇女拐走，如本案中的晓燕即是被拐骗的；绑架是指以暴力、胁迫或者麻醉等方法劫持、控制妇女的行为；收买是指以金钱或其他财物买取妇女的行为；贩卖是指出卖妇女的行为；接送是指为拐卖妇女的罪犯接收、运输妇女的行为；中转是指为拐卖妇女的罪犯提供中途场所或机会的行为。只要实施了上述一种行为的，就构成本罪。从对象来看，被拐卖妇女的国籍、身份、健康状况等都不影响本罪的成立。换言之，这里的"妇女"既包括中国国籍的妇女，也包括外国国籍和无国籍的妇女；既包括精神正常的妇女，也包括有精神障碍的妇女。从犯罪的主观意图来看，行为人往往是出于故意，而且具有出卖的目的。拐卖妇女行为严重侵犯了妇女的人身自由和人格尊严，会受到法律的严惩。

近年来，外出务工女性被拐卖的案件屡有发生。从被害预防的角度而言，须注意：（1）妇女外出找工作时应注意，应通过正规中介机构或信得过的亲戚、朋友介绍，不要轻信非法张贴的街头小报上的招聘广告。如果确定要外出打工，最好结伴而行。（2）如果已经不幸被拐卖应注意，如果是和人贩子一同出现在公共场合的，应向人多的地方靠近并大声呼救，以引起附近民警或围观群众的注意。如果已经被控制了人身自由，应冷静地设法了解人贩子、买主和所处的具体地址。伺机寻找救援和逃走，还可采取写小纸条、拨打电话或发短信等一切可用的条件向外界求助，并告知自己所处的地点，方便解救。

◎法条链接：

——《中华人民共和国刑法》

第 240 条　拐卖妇女、儿童的，处 5 年以上 10 年以下有期徒刑，并处罚金；有下列情形之一的，处 10 年以上有期徒刑或者无期徒刑，并处罚金或者没收财产；情节特别严重的，处死刑，并处没收财产：

（一）拐卖妇女、儿童集团的首要分子；

（二）拐卖妇女、儿童三人以上的；

（三）奸淫被拐卖的妇女的；

（四）诱骗、强迫被拐卖的妇女卖淫或者将被拐卖的妇女卖给他人迫使其卖淫的；

（五）以出卖为目的，使用暴力、胁迫或者麻醉方法绑架妇女、儿童的；

（六）以出卖为目的，偷盗婴幼儿的；

（七）造成被拐卖的妇女、儿童或者其亲属重伤、死亡或者其他严重后果的；

（八）将妇女、儿童卖往境外的。

拐卖妇女、儿童是指以出卖为目的，有拐骗、绑架、收买、贩卖、接送、中转妇女、儿童的行为之一的。

——1998 年 12 月 24 日最高人民检察院《关于以出卖为目的的倒卖外国妇女的行为是否构成拐卖妇女罪的答复》

刑法第二百四十条明确规定："拐卖妇女、儿童是以出卖为目的，有拐骗、绑架、收买、贩卖、接送、中转妇女、儿童的行为之一的。"其中作为"收买"对象的妇女、儿童并不要求必须是"被拐骗、绑架的妇女、儿童"。因此，以出卖为目的，收买、贩卖外国妇女，从中牟取非法利益的，应以拐卖妇女罪追究刑事责任。但确属为他人介绍婚姻收取介绍费，而非以出卖为目的的，不能追究刑事责任。

——2000 年 1 月 25 日最高人民法院《关于审理拐卖妇女案件适用法律有关问题的解释》

为依法惩治拐卖妇女的犯罪行为，根据刑法和刑事诉讼法的有关规定，现就审理拐卖妇女案件具体适用法律的有关问题解释如下：

第一条　刑法第二百四十条规定的拐卖妇女罪中的"妇女"，既包括具有中国国籍的妇女，也包括具有外国国籍和无国籍的妇女。被拐卖的外国妇女没有身份证明的，不影响对犯罪分子的定罪处罚。

第二条　外国人或者无国籍人拐卖外国妇女到我国境内被查获的，应当根据刑法第六条的规定，适用我国刑法定罪处罚。

第三条　对于外国籍被告人身份无法查明或者其国籍国拒绝提供有关身份证明，人民检察院根据刑事诉讼法第一百二十八条第二款的规定起诉的案件，人民法院应当依法受理。

光棍万元买老婆，未进洞房进"班房"

生活中很多商品都是买卖相向的，有买才有卖，有卖才有买。因此，对某些犯罪的买卖行为来说，不仅应处罚卖主，对买主也应进行处罚。拐卖妇女、儿童罪和收买被拐卖的妇女、儿童罪就是这样一种对向的犯罪行为。

王某年过四十了尚未婚配，王母十分着急，便托弟媳为王某介绍对象，王母的弟媳又转托被告人李某代为物色。因王某年纪已大，就近难以找到合适的对象，李某就向一位认识的江西籍男子打听。2005 年 8 月，结婚心切的王某与李某等人一起到江西某镇，向 3 名江西男子收买被拐卖的妇女聂某并支付了 1.4 万元。随后王某等人将聂某带回武夷山市，准备回家结婚。因天色已晚，三人就入住武夷山市某旅社，由王某在房间看管聂某。次日凌晨，王某抵不住睡意，打起了瞌睡，聂某乘机逃脱后迅速向公安机关报案。王某、李某随即被抓获。福建省武夷山市人民法院依法判处收买被拐卖妇女的被告人王某、李某拘役四个月零十五天。欢欢喜喜盼着结婚的王某，尚未进洞房就先进了"班房"。

（案例来源：《老光棍花万元买"老婆"尚未进洞房先进了班房》，http：//news. sina. com. cn/o/2006-01-19/14548029148s. shtml）

人作为社会主体，具有独立的人格，不能被当做商品买卖。买卖人口不仅侵犯了被拐卖妇女、儿童的人身自由和人格尊严，而且还影响了被拐卖者的家庭稳定，制造不少家庭悲剧。因此，对拐卖妇女、儿童者和收买被拐卖妇女、儿童者法律加以严厉处罚。对收买者而言，因为这种收买行为在客观上助长了拐卖妇女、儿童的犯罪活动，有的犯罪分子之所以大胆地进行拐卖妇女、儿童的活动，是因为有人收买，有的甚至是在找到买方后才开始实施拐卖妇女、儿童的犯罪活动。

我国《刑法》第 241 条规定了收买被拐卖妇女、儿童罪，是指不以出卖为目的，明知是被拐卖的妇女、儿童予以收买的行为。实践中多表现为以金钱或其他具有经济价值的财物作为交换代价，从拐卖者处将被拐卖的妇女、儿童占为己有的行为。我国《刑法》同时规定，收买被拐卖的妇女、儿童，对被买儿童没有虐待行为，不阻碍对其进行解救的，可以从轻处罚；按照被买妇女的意愿，不阻碍其返回原居住地的，可以从轻或者减轻处罚。这里要注意的是，司法实践中收买被拐卖的妇女、儿童的行为人，往往会对妇女、儿童实施其他犯罪行为，如对买来的妇女、儿童进行奸淫、非法拘禁、伤害、侮辱、虐待等。应将这些行为分别定为强奸罪、非法拘禁罪、故意伤害罪、侮辱罪、虐待罪，然后和收买被拐卖妇女、儿童罪实行数罪并罚。

享受人伦之乐是每个人的愿望，但是，自己的幸福岂能建立在他人的痛苦之上？这样自私又漠视他人权利的犯罪行为，会受到法律的严惩。

◎**法条链接：**

——《中华人民共和国刑法》

第 241 条　收买被拐卖的妇女、儿童的，处 3 年以下有期徒刑、拘役或者管制。

收买被拐卖的妇女，强行与其发生性关系的，依照本法第二百三十六条的规定定罪处罚。

　　收买被拐卖的妇女、儿童，非法剥夺、限制其人身自由或者有伤害、侮辱等犯罪行为的，依照本法的有关规定定罪处罚。

　　收买被拐卖的妇女、儿童，并有第二款、第三款规定的犯罪行为的，依照数罪并罚的规定处罚。

　　收买被拐卖的妇女、儿童又出卖的，依照本法第二百四十条的规定定罪处罚。

　　收买被拐卖的妇女、儿童，对被买儿童没有虐待行为，不阻碍对其进行解救的，可以从轻处罚；按照被买妇女的意愿，不阻碍其返回原居住地的，可以从轻或者减轻处罚。

三、涉及妇女婚姻家庭关系的犯罪

为泄愤当众扒光小三，也犯法

2012 年 4 月 10 日上午 8 时，蒋某伙同女友刘某某，经尾随其丈夫师某，发现与师某有情人关系的贾某某租住在某旅馆。蒋某、刘某某强行进入贾某某房间，将仅穿内裤的贾某某强行拖拽到旅馆外，并将贾某某的内裤强行脱掉，致使贾某某全身赤裸，同时采取抓扯、脚踹和辱骂等方式对贾某某实施殴打侮辱，后逃离现场。同年 4 月 17 日凌晨，蒋某、刘某某被警方以侮辱罪刑拘。

（《两打人女子被警方抓获》，http://epaper.cnxz.com.cn/pcwb/html/2012-04/18/content_32539.htm）

这是一起典型的侮辱罪案件。人格尊严和社会名誉是社会对个人的评价，也是每个人参加社会活动的基础，因此，应该受到法律的保护。我国《宪法》第 38 条规定："中华人民共和国公民的人格尊严不受侵犯。禁止用任何方法对公民进行侮辱、诽谤和诬告陷害。"行为人公然贬低他人人格、破坏他人名誉，情节严重构成犯罪的，应当负刑事责任。相应的，我国《刑法》第246条也规定了侮辱罪，即以暴力或者其他方法，公然贬低他人人格、破坏他人名誉，情节严重的行为。这里的"暴力"是指为使他人人格尊严受到损害而采取强制手段，而非直接对被害人实施殴打、伤害等，包括强行扒光被害人的衣裤当众羞辱，强迫被害人做难堪的动作等。"其他方法"是指以文字或语言的方式，如采取张贴、传阅大字报、漫画或者口头对他人进行挖苦、辱骂、嘲笑等。构成本罪必须是"公然"实施，即侮辱行为必须当众实施，不是仅指当着被害人的面，而是指当众进行，或者采用其他能使公众看到或听到的方式进行。此外，构成本罪还要求"情节严重"，即侮辱行为手段恶劣，动机卑鄙，造成严重后果或恶劣社会影响等。

刑法同时规定本罪属于告诉才处理的犯罪。因为侮辱行为一般发生在家庭成员、邻居、同事之间或者日常生活中，多数场合下可以通过调解方式予以解决，因此是否起诉交由被害人决定。但对于"严重危害社会秩序和危害国家利益"，即侮辱行为引起被害人精神失常甚至自杀身亡等严重后果导致被害人无法告诉或者失去告诉能力的情形下，可由检察机关提起诉讼。

近年来，原配当众教训小三的新闻时常见诸报端，不少人拍手称快。但对于那些正处在婚变的痛苦深渊、对"第三者"有着切齿痛恨的丈夫或者妻子而言，本案或许多少有些借鉴意义。在自己的合法婚姻遭到第三者挑战时，应当用法律手段维护自己的合法权益，切莫一味依靠暴力，甚至不惜触犯法律来惩罚"小三"，其结果不仅得不到社会的认同，反而会使自己陷入不利的局面，由被害人变成犯罪人。

◎法条链接：

——《中华人民共和国刑法》

第 246 条　以暴力或者其他方法公然侮辱他人或者捏造事实诽谤他人，情节严重的，处 3 年以下有期徒刑、拘役、管制或者剥夺政治权利。

前款罪，告诉的才处理，但是严重危害社会秩序和国家权益的除外。

通过信息网络实施第一款规定的行为，被害人向人民法院告诉，但提供证据确有困难的，人民法院可以要求公安机关提供协助。

狠心儿媳虐待婆婆致其跳湖自尽，
法律该如何处罚？

我们常说家人是心灵的港湾，少有所养，老有所依，更是每个人对家庭生活的期待。因此，对于与自己朝夕相处有血缘关系的家庭成员，我们更应关怀呵护。而现实生活中，偏偏有些人却出于种种原因，不顾人伦之情，对家庭成员动辄打骂，理应受到道德的谴责与法律的惩罚。

2012年8月，某县人民法院审结了一起虐待婆婆致婆婆跳湖自杀的案件，被告人李某某犯虐待罪被判处有期徒刑3年。据悉，被告人李某某从2010年嫁入婆家开始，就趁丈夫外出打工不在家之际，动辄对寡居的婆婆进行打骂。婆婆王某某觉得家丑不可外扬，就默默忍受。此后，李某某更是肆无忌惮，经常不给婆婆饭吃，甚至罚跪、扇耳光。2012年4月，被告人李某某因打牌输钱心情不好再次对其婆婆进行打骂。无法忍受又无处倾诉的婆婆遂跳入了湖中，自杀身亡。县检察院以虐待罪对李某某提起了公诉。县人民法院认为，被告人无视国法，虐待婆婆，致婆婆自杀身亡，情节恶劣，故依法作出上述判决。

我国《刑法》规定的虐待罪是指对共同生活的家庭成员，经常以打骂、饿冻、禁闭、强迫过度劳动、有病不给予治疗、限制自由、凌辱人格等手段，从肉体上和精神上进行摧残、折磨，情节严重的行为。虐待行为侵犯了共同生活的家庭成员在家庭生活中的平等权利和被害人的身心健康，其结果是使被害人身心遭受摧残，甚至重伤、死亡，但这种结果是日积月累造成的。换言之，本罪中的虐待行为要求具有经常性、一贯性，偶尔一次的虐待不构成本罪。此外，虐待罪侵犯的对象只能是共同生活的同一家庭成员，主要包括：（1）因婚姻关系而形成的家庭成员，包括丈夫与妻子、继父母与继子女。（2）因血缘关系而形成的家庭关系，包括两类：一是由直系血亲关系而联系起来的父母、子女、孙子女、曾孙子女以及祖父母、曾祖父母、外祖父母等，前者不因成家立业以及经济上的分开而解除家庭成员的法律地位；二是由旁系血亲而联系起来的兄、弟、姐、妹、叔、伯、姑、姨、舅等家庭成员，后者随着成家立业及经济上的分开而丧失原家庭成员的法律地位。（3）因收养关系而形成的家庭成员，即养父母与养子女。

我国《刑法》同时规定，虐待家庭成员，情节恶劣的，处 2 年以下有期徒刑、拘役或者管制，但被害人告诉才处理。之所以规定虐待罪告诉才处理，是因为行为人与被害人之间往往具有一定的亲属或收养关系，并共同生活在一个家庭，且被害人在经济上往往依赖于行为人。因此，为维持家庭和谐稳定，宜通过其他方法解决这个问题，只有当被害人不堪忍受虐待而提出告诉时，司法机关才处理。但被害人因受强制、威吓无法告诉或无能力告诉的，人民检察院或其近亲属也可以告诉。如果被害人经常受虐待逐渐造成身体的严重损伤或导致死亡，或者由于被害人不堪忍受虐待而自杀、自伤，造成死亡或重伤的，对行为人应处 2 年以上 7 年以下有期徒刑，并且不适用告诉才处理这一规定。

◎法条链接：

——《中华人民共和国刑法》

第 260 条　虐待家庭成员，情节恶劣的，处 2 年以下有期徒刑、拘役或者管制。

犯前款罪，致使被害人重伤、死亡的，处 2 年以上 7 年以下有期徒刑。

第一款罪，告诉的才处理，但被害人没有能力告诉，或者因受到强制、威吓无法告诉的除外。

——2015 年 3 月 4 日最高人民法院、最高人民检察院、公安部、司法部《关于依法办理家庭暴力犯罪案件的意见》

16. 依法准确定罪处罚。对故意杀人、故意伤害、强奸、猥亵儿童、非法拘禁、侮辱、暴力干涉婚姻自由、虐待、遗弃等侵害公民人身权利的家庭暴力犯罪，应当根据犯罪的事实、犯罪的性质、情节和对社会的危害程度，严格依照刑法的有关规定判处。对于同一行为同时触犯多个罪名的，依照处罚较重的规定定罪处罚。

17. 依法惩处虐待犯罪。采取殴打、冻饿、强迫过度劳动、限制人身自由、恐吓、侮辱、谩骂等手段，对家庭成员的身体和精神进行摧残、折磨，是实践中较为多发的虐待性质的家庭暴力。根据司法实践，具有虐待持续时间较长、次数较多；虐待手段残忍；虐待造成被害人轻微伤或者患较严重疾病；对未成年人、老年人、残疾人、孕妇、哺乳期妇女、重病患者实施较为严重的虐待行为等情形，属于刑法第二百六十条第一款规定的虐待"情节恶劣"，应当依法以虐待罪定罪处罚。

准确区分虐待犯罪致人重伤、死亡与故意伤害、故意杀人犯罪致人重伤、死亡的界限，要根据被告人的主观故意、所实施的暴力手段与方式、是否立即或者直接造成被害人伤亡后果等进行综合判断。对于被告人主观上不具有侵害被害人健康或者剥夺被害人生命的故意，而是出于追求被害人肉体和精神上的痛苦，长期或者多次实施虐待行为，逐渐造成被害人身体损害，过失导致被害人重伤或者死亡的；或者因虐待致使被害人不堪忍受而自残、自杀，导致重伤或者死亡的，属于刑法第二百六十条第二款规定的虐待"致使被害人重伤、死亡"，应当以虐待罪定罪处罚。对于被告人虽然实施家庭暴力呈现出经常性、持续性、反复性的特点，但其主观上具有希望或者放任被害人重伤或者死亡的故意，持凶器实施暴力，暴力手段残忍，暴力程度较强，直接或者立即造成被害人重伤或者死亡的，应当以故意伤害罪或者故意杀人罪定罪处罚。

四、与妇女财产权相关的犯罪与预防

村头抢劫妇女被判 4 年，重罪红线咋能碰？

抢劫罪是一种财产犯罪，但与盗窃、诈骗等犯罪不同的是，抢劫罪没有数额要求，所以抢劫一元钱也构成抢劫罪，并且最低刑罚是 3 年有期徒刑。所以，抢劫罪是重罪，重罪红线不能碰，否则就必然陷入深重的"牢狱之灾"。

许某小学毕业后再也没有上学，文化虽然不够，但他却觉得自己有能耐赚钱，在连续多次找工作遭拒后，他依然认为不是自己没本事，只是所找的工作不对口罢了。此后，泡网吧成为了他生活的全部，并在那里找到了可以施展自己本事的对口工作。在网吧，许某结交了新朋友王某。2013 年 3 月初的一天，刚刚成年的许某与王某在网吧玩了一夜，早上 7 点多两人出网吧后，寻思着下一次上网的钱从哪里来。两人决定通过抢劫的方式来"改善"自己的经济状况。说干就干，两人旋即窜至一村庄的路旁埋伏。等了半天，来往的都是几个壮汉，两人担心得手不易，随后来了一名妇女，许某和王某立刻持刀堵了上去，采用言语威胁、搜身等手段抢劫了妇女身上仅有的 4 元

128

钱。事后该妇女拨打了 110 报警电话，许、王二人当日归案。2013 年 12 月 16 日，人民法院以抢劫罪判处许某有期徒刑 4 年，并处罚金 1000 元。出庭受审时，许某表示是出于好玩心态，"一时冲动"做了错事。

（案例来源：《新沂一小伙刚成年便跨入歧途，抢劫 4 元钱获刑 4 年》，http://news. eastday. com/eastday/13news/auto/news/csj/u7ai42502 3_K4. html）

抢劫罪，是指以非法占有为目的，以暴力、胁迫或其他令被害人不能抗拒的方法，当场强行劫取公私财物的行为。与其他财产犯罪不同，本罪的危害一方面表现为行为人违反他人意志取得了财物，侵犯了他人的财产占有权，另一方面表现为侵犯他人的生命、身体、自由等。由于抢劫行为对人身具有直接高度危险性，因而抢劫罪的社会危害性大大高于其他侵犯财产犯罪，因而抢劫罪历来是严厉打击的重点。关于抢劫罪的客观行为，刑法规定了"暴力、胁迫或其他方法"，这些行为与取得财产之间的逻辑关系是：使用暴力、胁迫或其他方法→压制对方反抗→强取财物。

所谓暴力方法，是指犯罪分子对被害人身体实行的打击、强制手段，如殴打、捆绑、禁闭、伤害等。行为人使用暴力的目的是排除被害人的反抗以劫取财物，因此，暴力的程度如何一般不影响抢劫罪的成立。具体而言，（1）暴力必须是在取得财物的当场实施。如果不是当场实施暴力、夺取财物，而是以将要对之实施暴力相威胁，而迫使对方限期交出财物，不构成抢劫罪。（2）暴力必须是针对被害人的身体而采取的打击或者强制，暴力不要求必须达到危及人身健康、生命或者使被害人不能抗拒的程度，只要达到使被害人恐惧，反抗能力受到一定程度的抑制即可。（3）暴力是犯罪分子故意实施的，也就是说，犯罪分子积极利用殴打等强制手段为排除被害人反抗并抢走财物创造条件；如果行为人出于其他目的对被害人实施暴力，之后又临时起意的不构成抢劫罪。

所谓胁迫行为，是指对被害人以立即实施暴力侵害相威胁，实行精神强制，使被害人恐惧而不敢反抗，被迫当场交出财物。胁迫的方式，可以是语言，也可以是某种动作。胁迫必须是行为人以立即实施侵害行为相威胁，例如殴打、伤害、当场杀害等，威胁的方式，可以是口头的、文字的或者是动作的。如果没有任何胁迫的表现，只是被害人自己感到恐惧，眼见行为人盗窃其财物而不敢制止，不能认为是抢劫。威胁的目的是当场夺取财物或者迫使被害人当场交付财物，如果是要求被害人答应日后交付财物，也不构成抢劫罪，只构成敲诈勒索罪。

所谓其他方法，是指犯罪分子使用暴力或者胁迫方法之外的使被害人不知反抗或者丧失反抗能力的方法。从司法实践来看，行为人使用的"其他方法"有很多，如果不是行为人以某种行为使被害人处于不能反抗或不知反抗的状态，而是行为人利用由被害人自己的原因（如喝醉在熟睡、因病昏迷等）或其他原因（如被他人打昏、撞伤等）所致不能反抗的状态乘机掠夺其财物的，构成盗窃罪或其他犯罪，不构成抢劫罪。

由于抢劫罪具有双重危害性，一方面是对被害人财产的侵犯，另一方面是对被害人人身安全的侵犯，这种双重危害性决定了抢劫罪是刑法当中的重罪。抢劫罪是因为当初使用暴力或者以暴力相威胁的手段，使被害人不能反抗、不知反抗，从而劫取财物，这种对人身安全的极大危害或者威胁，就使得抢劫罪的既遂不必设置很高的数额起点。如果属于持枪抢劫或者使用其他巨大杀伤力的器械进行抢劫，那么即使没造成任何人身损害，只要抢劫到财物（哪怕只有几毛钱），也构成抢劫罪既遂。

本案中，许某为了非法获取他人财物，伙同他人持刀胁迫过路妇女，使被害人不敢反抗，进而交出财物，这属于抢劫罪中的胁迫行为。许某的抢劫行为虽然没有造成被害人的人身损害，但已经抢劫到 4 元钱，属于抢劫罪既遂。根据《刑法》第 263 条，抢劫罪的最低刑罚是 3 年有期徒刑，由于许某等人抢劫对象是保护能力很弱的妇女，法院判处有期徒刑 4 年是合适的。

◎法条链接：

——《中华人民共和国刑法》

第 263 条　以暴力、胁迫或者其他方法抢劫公私财物的，处 3 年以上 10 年以下有期徒刑，并处罚金；有下列情形之一的，处 10 年以上有期徒刑、无期徒刑或者死刑，并处罚金或者没收财产：

（一）入户抢劫的；

（二）在公共交通工具上抢劫的；

（三）抢劫银行或者其他金融机构的；

（四）多次抢劫或者抢劫数额巨大的；

（五）抢劫致人重伤、死亡的；

（六）冒充军警人员抢劫的；

（七）持枪抢劫的；

（八）抢劫军用物资或者抢险、救灾、救济物资的。

——2005 年最高人民法院《关于审理抢劫、抢夺刑事案件适用法律若干问题的意见》

七、关于抢劫特定财物行为的定性

以毒品、假币、淫秽物品等违禁品为对象，实施抢劫的，以抢劫罪定罪；抢劫的违禁品数量作为量刑情节予以考虑。抢劫违禁品后又以违禁品实施其他犯罪的，应以抢劫罪与具体实施的其他犯罪实行数罪并罚。

抢劫赌资、犯罪所得的赃款赃物的，以抢劫罪定罪，但行为人仅以其所输赌资或所赢赌债为抢劫对象，一般不以抢劫罪定罪处罚。构成其他犯罪的，依照刑法的相关规定处罚。

为个人使用，以暴力、胁迫等手段取得家庭成员或近亲属财产的，一般不以抢劫罪定罪处罚，构成其他犯罪的，依照刑法的相关规定处理；教唆或者伙同他人采取暴力、胁迫等手段劫取家庭成员或近亲属财产的，可以抢劫罪定罪处罚。

十、抢劫罪的既遂、未遂的认定

抢劫罪侵犯的是复杂客体，既侵犯财产权利又侵犯人身权利，具备劫取财物或者造成他人轻伤以上后果两者之一的，均属抢劫既遂；既未劫取财物，又未造成他人人身伤害后果的，属抢劫未遂。据此，刑法第二百六十三条规定的八种处罚情节中除"抢劫致人重伤、死亡的"这一结果加重情节之外，其余七种处罚情节同样存在既遂、未遂问题，其中属抢劫未遂的，应当根据刑法关于加重情节的法定刑规定，结合未遂犯的处理原则量刑。

女子车上被扒一元五，小偷为何被判刑？

小偷小摸算不算大事？日常生活中，有些人可能认为社会上的"扒手"扒窃几元钱，够不上犯罪。但是，自 2011 年 5 月 1 日之后，《刑法》已经将入户盗窃、携带凶器盗窃、扒窃单独入罪，而且不计数额。

2011 年 9 月 27 日上午，刘某接到一朋友邀约"做业务"的电话，他们口中的"做业务"就是到公交车上扒窃。出门后，刘某一直没找到合适的目标，便顺路去看了看母亲。途中，刘某再次接到朋友电话，于是相约在鱼田堡见面。当刘某和另外两名朋友相见后，三人一起乘车到了万盛商场，途中也未找到"下手"的机会。终于，当刘某等三人在坐车返回鱼田堡时，三人盯上了一名靠在车窗的中年妇女陈某。为下手成功，刘某等到陈某身旁的女乘客起身下车后，迅速坐到"目标"身边。刘某先用手去拉了陈某手提包的拉链，因位置不方便，未能成功。好不容易拉开后，他伸手进去一阵乱摸，摸出了一卷纸片，其中夹有 1.5 元纸币。刘某还未将到手的钱捂热，车上便有人对着他，大喊捉小偷。原来，刘某下手时，便被同车便衣警察发现，被抓了个正着。刘某一时害怕，赶紧将握在手中的钱币丢在公交车的地上。车停后刘某被扭送至派出所。2012 年 5 月 22 日，区人民法院以盗窃罪，依法判处刘某有期徒刑 8 个月，并处罚金 1000 元。

（案例来源：《扒窃 1.5 元 男子被判缓刑罚千元》，载《重庆晚报》2012 年 5 月 23 日，第 014 版）

　　盗窃罪，是以非法占有为目的，秘密窃取公私财物的行为。由于盗窃是改变原有的占有关系而试图重新设定占有的行为，因而本罪的成立逻辑是：利用窃取的方法→破坏原来的占有→确立新的占有。窃取不能以暴力、胁迫的方法实施，其具体方法在所不问。在 2011 年 5 月 1 日之前，盗窃罪有两种情形，即盗窃数额较大、多次盗窃。2011 年 5 月 1 日，《刑法》新增加了三个非数额型盗窃罪：入户盗窃、携带凶器盗窃、扒窃。

　　盗窃数额较大是指，盗窃数额在 1000 元至 3000 元，各地按照经济发展水平确定入罪数额。例如，北京市、上海市、重庆市、江苏省、山东省、安徽省、辽宁省、河南省、河北省、湖南省、湖北省、江西省等规定的盗窃罪"数额较大"标准为 2000 元；浙江省、福建省规定的盗窃罪"数额较大"标准为 3000 元；云南省等规定的盗窃罪"数额较大"标准为 1500 元；四川省规定的盗窃罪"数额较大"标准为 1600 元，其中牧区偷牛盗马价值的"数额较大"标准为 3000 元。更复杂的是广东省：①一类地区是广州、深圳、珠海、汕头、佛山、东莞、中山七个市，盗窃数额较大的标准为 2000 元；②二类地区是惠州、江门、湛江、茂名、肇庆、潮州、揭阳、汕尾八个市，盗窃数额较大的标准为 1500 元；③三类地区是河源、云浮、阳江、清远、梅州、韶关六个市，盗窃数额较大的标准是 1000 元。

　　多次盗窃是指，2 年内盗窃 3 次以上。对于 2 年内盗窃不足 3 次，且窃取财物数额较小的，又不属于下面所说的入户盗窃、携带凶器盗窃、扒窃的，不应认为是犯罪，必要时可给予治安管理处罚（行政拘留、罚款等）。

入户盗窃是指，非法进入供他人家庭生活、与外界相对隔离的住所进行盗窃。入户实施盗窃被发现，行为人为窝藏赃物、抗拒抓捕或者毁灭罪证而当场使用暴力或者以暴力相威胁的，如果暴力或者暴力胁迫行为发生在户内的，直接转化为入户抢劫。

携带凶器盗窃是指，携带枪支、爆炸物、管制刀具等国家禁止个人携带的器械盗窃。只要外观上足以使人产生危险感觉，客观上具有杀伤力的器物都可以评价为凶器，但行为人为方便扒窃而携带尺寸很短的刀片的，不属于携带凶器盗窃。

扒窃是指，在车站、码头、商场、集贸市场等公共场所或公共交通工具上盗窃他人随身携带的财物。窃取被害人贴身衣物或包中的财物的，是扒窃；不直接接触被害人身体，但趁被害人不备，将距离被害人很近、占有关系紧密的财物拿走的，也是扒窃。例如，将他人自行车前筐中的财物拿走的，也属于扒窃。一般来说，扒窃行为紧密接触公民人身，而且发生在多人同在的场合，严重影响群众的安全感，有比较大的社会危害性。所以，刑法对扒窃行为不再仅仅停留在治安管理处罚中"抓了放，放了抓"的尴尬境地，而是直接以刑罚处罚。

本案中，被告人刘某在公共汽车上盗窃他人随身携带的财物，其行为属于扒窃，刑法对于扒窃犯罪没有规定数额，司法解释也没设置数额入罪门槛，被告人扒窃1.5元的行为构成扒窃罪。

◎**法条链接：**

——《中华人民共和国刑法》

第264条　盗窃公私财物，数额较大的，或者多次盗窃、入户盗窃、携带凶器盗窃、扒窃的，处 3 年以下有期徒刑、拘役或者管制，并处或者单处罚金；数额巨大或者有其他严重情节的，处 3 年以上 10 年以下有期徒刑，并处罚金；数额特别巨大或者有其他特别严重情节的，处 10 年以上有期徒刑或者无期徒刑，并处罚金或者没收财产。

——2013 年最高人民法院、最高人民检察院《关于办理盗窃刑事案件适用法律若干问题的解释》

第 1 条 盗窃公私财物价值一千元至三千元以上、三万元至十万元以上、三十万元至五十万元以上的，应当分别认定为刑法第二百六十四条规定的"数额较大"、"数额巨大"、"数额特别巨大"。

各省、自治区、直辖市高级人民法院、人民检察院可以根据本地区经济发展状况，并考虑社会治安状况，在前款规定的数额幅度内，确定本地区执行的具体数额标准，报最高人民法院、最高人民检察院批准。

在跨地区运行的公共交通工具上盗窃，盗窃地点无法查证的，盗窃数额是否达到"数额较大"、"数额巨大"、"数额特别巨大"，应当根据受理案件所在地省、自治区、直辖市高级人民法院、人民检察院确定的有关数额标准认定。

盗窃毒品等违禁品，应当按照盗窃罪处理的，根据情节轻重量刑。

第 2 条 盗窃公私财物，具有下列情形之一的，"数额较大"的标准可以按照前条规定标准的 50% 确定：

（一）曾因盗窃受过刑事处罚的；

（二）1 年内曾因盗窃受过行政处罚的；

（三）组织、控制未成年人盗窃的；

（四）自然灾害、事故灾害、社会安全事件等突发事件期间，在事件发生地盗窃的；

（五）盗窃残疾人、孤寡老人、丧失劳动能力人的财物的；

（六）在医院盗窃病人或者其亲友财物的；

（七）盗窃救灾、抢险、防汛、优抚、扶贫、移民、救济款物的；

（八）因盗窃造成严重后果的。

第3条　2年内盗窃3次以上的，应当认定为"多次盗窃"。

非法进入供他人家庭生活，与外界相对隔离的住所盗窃的，应当认定为"入户盗窃"。

携带枪支、爆炸物、管制刀具等国家禁止个人携带的器械盗窃，或者为了实施违法犯罪携带其他足以危害他人人身安全的器械盗窃的，应当认定为"携带凶器盗窃"。

在公共场所或者公共交通工具上盗窃他人随身携带的财物的，应当认定为"扒窃"。

第6条　盗窃公私财物，具有本解释第二条第三项至第八项规定情形之一，或者入户盗窃、携带凶器盗窃，数额达到本解释第一条规定的"数额巨大"、"数额特别巨大"50%的，可以分别认定为刑法第二百六十四条规定的"其他严重情节"或者"其他特别严重情节"。

第7条　盗窃公私财物数额较大，行为人认罪、悔罪，退赃、退赔，且具有下列情形之一，情节轻微的，可以不起诉或者免予刑事处罚；必要时，由有关部门予以行政处罚：

（一）具有法定从宽处罚情节的；

（二）没有参与分赃或者获赃较少且不是主犯的；

（三）被害人谅解的；

（四）其他情节轻微、危害不大的。

第 12 条第 1 款　盗窃未遂，具有下列情形之一的，应当依法追究刑事责任：

（一）以数额巨大的财物为盗窃目标的；

（二）以珍贵文物为盗窃目标的；

（三）其他情节严重的情形。

——《中华人民共和国治安管理处罚法》

第 49 条　盗窃、诈骗、哄抢、抢夺、敲诈勒索或者故意损毁公私财物的，处 5 日以上 10 日以下拘留，可以并处 500 元以下罚款；情节较重的，处 10 日以上 15 日以下拘留，可以并处 1000 元以下罚款。

村中"女汉子"组团偷井盖，该当何罪？

　　家住石家庄市的妇女吴某在家一向既主内，又主外，一向"敢想敢做"，是村里远近闻名的"女强人"。2014年8月底，吴某与丈夫去邻居家串门时，提议一起到位于城乡结合部的东升村附件的马路上盗窃井盖，换点钱。吴某丈夫和邻居大哥大嫂听后均表示有利可图，就准备好撬棍、绳索、钳子、手套等作案工具。2014年9月2日，吴某以及邻居大哥大嫂携带作案工具乘坐吴某丈夫驾驶的一辆皮卡车前往东升村大街，下车后吴某让丈夫先把车停到不显眼的地方，然后四人带着工具来到马路上寻找合适的井盖。吴某让邻居大嫂望风，其余三人负责撬开井盖，放到一边，最后由吴某的丈夫开车来，再一起运走。一晚上，四人共盗窃井盖20个。四人走后，一男子驾驶一辆电动自行车经过东升村中央大街时，车轮不慎掉入一个窨井，造成该男子当场重伤。事后查明，该窨井的井盖正是被吴某等人偷走。次日，吴某将这20个井盖卖给了一家废品收购站，共获利2700元。在吴某卖出井盖的当天晚上，吴某就被公安机关抓获归案，后来吴某供出丈夫以及邻居。最终经法院审理，吴某被法院以"以其他危险方法危害公共安全罪"判处有期徒刑15年，其丈夫、邻居均被判处有期徒刑10年。

　　盗窃井盖卖了2700元，这个行为不是盗窃吗？盗窃罪，是以非法占有为目的，秘密窃取公私财物，数额较大的行为。

本案中，吴某等人在晚上秘密偷取井盖，已经属于盗窃行为。根据 2013 年河北省划定的盗窃罪数额较大标准为 2000 元，吴某等人已经构成盗窃罪。但是，吴某等人在构成盗窃罪的同时，由于其盗窃的对象是马路上的井盖，这种盗窃行为还有更大的危害性——对马路上过往的车辆及行人的安全构成危害，所以他们的行为还构成了以危险方法危害公共安全罪。

我国《刑法》第 114 条规定，放火、决水、爆炸以及投放毒害性、放射性、传染病病原体等物质或者以其他危险方法危害公共安全，尚未造成严重后果的，处 3 年以上 10 年以下有期徒刑。"以危险方法危害公共安全罪"正是该条中除了以放火、决水、爆炸以及投放毒害性、放射性、传染病病原体等物质之外的"以其他危险方法"危害公共安全的行为，因而"以危险方法危害公共安全罪"不是一个类罪名，而是与放火罪、决水罪、爆炸罪、投放危险物质罪相并列的具体罪名。

由于刑法对以危险方法危害公共安全罪没有明确规定特定的具体行为结构与行为方式，司法实务中对以危险方法危害公共安全罪的适用比例很大。从本罪的设置初衷来看，除了放火、决水、爆炸以及投放危险物质等方式之外，行为只要危害到了公共安全，即对不特定多数人的生命、身体和财产安全造成了重大损失或者有造成重大损失的危险，就能够以以危险方法危害公共安全罪论处，因此，本罪包括十分广泛的行为类型，没有特殊限定，危害公共安全才是确定行为是否成立本罪的本质条件。可以说，本罪是危害公共安全罪的兜底条款。

本案中，吴某等人是为了偷盗井盖卖钱，因而其主观上的直接故意是盗窃财物，客观上盗窃井盖的行为确实也属于盗窃罪，就数额而言，已经达到盗窃罪的立案标准。但法院之所以没有定为盗窃罪而是判决以危险方法危害公共安全罪，就是因为被告人盗窃马路上的窨井盖的行为危害公共安全，对不特定多数人的生命安全造成了重大威胁。一条正常通行的马路上肯定会有车辆或行人经过，盗窃马路上的井盖，就相当于在马路上设下了一个又一个陷阱，必将引发可怕的危害后果，足以对居民的生命安全造成重大损害危险，即危害到了公共安全。而且，本案中，吴某等人的行为已经直接造成一名通行的男子摔成重伤。因此，吴某等人的行为就不仅仅是盗窃罪，还构成危害公共安全罪，由于他们只有一个盗窃井盖的行为，属于一个行为触犯了两个罪名，应当选择其中一个重罪处罚，所以，四人构成以危险方法危害公共安全罪，是共同犯罪，吴某在犯罪中发挥的作用最大。

综上可见，当一种盗窃行为不仅侵犯了财产，而且由于盗窃行为对象的特殊性，盗窃行为还对公共安全造成危害的，还构成危害公共安全罪，应当按照最重的罪进行处罚。例如，盗窃电缆，还可能构成破坏广播电视设施、公用电信设施罪等盗窃汽车零部件的，可能构成破坏交通工具罪；盗窃路标的，可能构成破坏交通设施罪。

◎ **法条链接：**

——《中华人民共和国刑法》

第 114 条　放火、决水、爆炸以及投放毒害性、放射性、传染病病原体等物质或者以其他危险方法危害公共安全，尚未造成严重后果的，处 3 年以上 10 年以下有期徒刑。

第 115 条第 1 款　放火、决水、爆炸以及投放毒害性、放射性、传染病病原体等物质或者以其他危险方法致人重伤、死亡或者使公私财产遭受重大损失的，处 10 年以上有期徒刑、无期徒刑或者死刑。

第264条 盗窃公私财物，数额较大的，或者多次盗窃、入户盗窃、携带凶器盗窃、扒窃的，处3年以下有期徒刑、拘役或者管制，并处或者单处罚金；数额巨大或者有其他严重情节的，处3年以上10年以下有期徒刑，并处罚金；数额特别巨大或者有其他特别严重情节的，处10年以上有期徒刑或者无期徒刑，并处罚金或者没收财产。

第25条第1款 共同犯罪是指二人以上共同故意犯罪。

第26条 组织、领导犯罪集团进行犯罪活动的或者在共同犯罪中起主要作用的，是主犯。

三人以上为共同实施犯罪而组成的较为固定的犯罪组织，是犯罪集团。

对组织、领导犯罪集团的首要分子，按照集团所犯的全部罪行处罚。

对于第三款规定以外的主犯，应当按照其所参与的或者组织、指挥的全部犯罪处罚。

第27条 在共同犯罪中起次要或者辅助作用的，是从犯。

对于从犯，应当从轻、减轻处罚或者免除处罚。

——2007年最高人民法院《关于审理破坏电力设备刑事案件具体应用法律若干问题的解释》

第3条 盗窃电力设备，危害公共安全，但不构成盗窃罪的，以破坏电力设备罪定罪处罚；同时构成盗窃罪和破坏电力设备罪的，依照刑法处罚较重的规定定罪处罚。

盗窃电力设备，没有危及公共安全，但应当追究刑事责任的，可以根据案件的不同情况，按照盗窃罪等犯罪处理。

——2007年最高人民法院、最高人民检察院《关于办理盗窃油气、破坏油气设备等刑事案件具体应用法律若干问题的解释》

第1条　在实施盗窃油气等行为过程中，采用切割、打孔、撬砸、拆卸、开关等手段破坏正在使用的油气设备的，属于刑法第一百一十八条规定的"破坏燃气或者其他易燃易爆设备"的行为；危害公共安全，尚未造成严重后果的，依照刑法第一百一十八条的规定定罪处罚。

第4条　盗窃油气同时构成盗窃罪和破坏易燃易爆设备罪的，依照刑法处罚较重的规定定罪处罚。

——2004年最高人民法院《关于审理破坏公用电信设施刑事案件具体应用法律若干问题的解释》

第3条　故意破坏正在使用的公用电信设施尚未危害公共安全，或者故意毁坏尚未投入使用的公用电信设施，造成财物损失，构成犯罪的，依照刑法第二百七十五条规定，以故意毁坏财物罪定罪处罚。

盗窃公用电信设施价值数额不大，但是构成危害公共安全犯罪的，依照刑法第一百二十四条的规定定罪处罚；盗窃公用电信设施同时构成盗窃罪和破坏公用电信设施罪的，依照处罚较重的规定定罪处罚。

泼辣女子因纠纷毒死牲畜，该当何罪？

现年 45 岁的邓某（女）性格比较泼辣。2 年前，邓某由于没有钱买马，邓某爱人的大姐童某同情她，于是拿自家的一匹母马让邓某帮饲养，并答应她如果母马生马崽后，就把那匹母马送给邓某。2011 年年底，母马生了一匹小马崽，童某把母马和马崽都牵回家了。过了一段时间，小马崽因生病意外死亡。邓某向童某要回母马，但童某说马崽已经死了，不同意给邓某。为此，两人发生了矛盾。前段时间，邓某听说童某在暗地里骂她，十分恼火，于是产生了用农药毒死童家马匹的歹念。10 月 5 日晚 9 时许，邓某从自家带上一瓶"甲胺磷"，在山路边割了一些青草，然后将"甲胺磷"农药淋在青草上，并将淋有农药的青草丢到童家的马圈内。马圈内的 3 匹马吃完这些青草后，当晚中毒死亡。6 日上午，童某发现自家马死亡，遂向警方报案。

破坏生产经营罪，是指由于泄愤报复或者其他个人目的，毁坏机器设备、残害耕畜或者以其他方法破坏经营的行为。破坏生产经营罪的主要危害性在于损害了各种经济单位生产经营活动的正常进行，这里的生产经营活动，既包括国有单位和集体所有制单位的生产经营活动，也包括个体经营户、私有经济、外资企业等非公有制经济单位的生产经营活动。

破坏生产经营罪的行为方式主要是以毁坏机器设备、残害耕畜或者其他方法破坏生产经营的行为。毁坏机器设备是指破坏用于生产经营的机器设备，如灌溉用的水泵、脱粒机等；残害耕畜最常见的类型就是投毒；其他方法主要是指破坏电源、水源，制造停电、停水事故，破坏种子、秧苗，毁坏庄稼、果树，制造质量事故或者设备事故等。

破坏生产经营的结果是导致生产经营活动完全无法进行或者使已经进行的部分归于无效。破坏的对象，必须与各种生产经营活动有着直接联系，否则，就不构成本罪。例如，破坏已经闲置不用的机器设备、毁坏仓库里储存备用的生产工具和收获的粮食的行为，由于它们与各种生产经营活动的正常进行并无直接联系，因而不构成破坏生产经营罪。但是，由于这些机器设备、仓库的粮食等无疑属于财物，故意毁坏这些东西，如果数额较大或者有其他严重情节的，则应以故意毁坏财物罪定罪处罚。

由于破坏生产经营罪的行为方式是破坏，因而一切具有破坏作用的行为，如放火、投毒等方法都与这里的破坏生产经营罪存在重合。例如，利用爆炸、投毒等方式破坏厂矿、企业的机器设备、生产设施、电力设备、交通工具、耕畜、农具以及其他生产资料等，如果这些行为足以危害公共安全的，也构成危害公共安全罪。这时危害公共安全罪与破坏生产经营罪存在竞合，应当以危害公共安全罪这个重罪进行处罚，即分别判决放火罪、投放危险物质罪、决水罪、爆炸罪、破坏电力设备罪等罪名，而不是破坏生产经营罪。如果以放火、投毒、决水、爆炸等方法破坏生产经营，尚不足以危害公共安全的，应认定为破坏生产经营罪。

因此，从行为方式及其客观危害看，以拆卸机器零部件为例，①如果拆卸方式危害公共安全的，则以危害公共安全罪处罚；②如果拆卸方式没有危害公共安全，但影响了生产经营的，则以破坏生产经营罪处罚；③如果拆卸方式，既没有危害公共安全，也没有影响生产经营的，则以故意毁坏财物罪进行处罚。

破坏生产经营罪明显是在故意支配下实施的行为，并且具有泄愤报复或者其他个人目的。也即，行为人主要基于个人得失的各种心怀不满、愤恨、厌恶等报复目的，引起这种犯罪目的的因素很多，往往都是各种纠纷琐事、误解等。

本案中，妇女邓某出于报复泄愤的目的，向妇女童某养的马投毒，最终导致3匹马中毒死亡，造成损失一万多元，首先毫无疑问属于故意毁坏财物，因为马首先属于童某的财物。那么，是否还构成破坏生产经营罪呢？由于童某的马是农业生产的参与者，是运输用的，虽然不是耕畜，但马的死亡无疑影响农业生产经营。

◎法条链接：

——《中华人民共和国刑法》

第276条　由于泄愤报复或者其他个人目的，毁坏机器设备、残害耕畜或者以其他方法破坏生产经营的，处3年以下有期徒刑、拘役或者管制；情节严重的，处3年以上7年以下有期徒刑。

第114条　放火、决水、爆炸以及投放毒害性、放射性、传染病病原体等物质或者以其他危险方法危害公共安全，尚未造成严重后果的，处3年以上10年以下有期徒刑。

第115条　放火、决水、爆炸以及投放毒害性、放射性、传染病病原体等物质或者以其他危险方法致人重伤、死亡或者使公私财产遭受重大损失的，处10年以上有期徒刑、无期徒刑或者死刑。

过失犯前款罪的，处3年以上7年以下有期徒刑；情节较轻的，处3年以下有期徒刑或者拘役。

第116条 破坏火车、汽车、电车、船只、航空器，足以使火车、汽车、电车、船只、航空器发生倾覆、毁坏危险，尚未造成严重后果的，处3年以上10年以下有期徒刑。

第117条 破坏轨道、桥梁、隧道、公路、机场、航道、灯塔、标志或者进行其他破坏活动，足以使火车、汽车、电车、船只、航空器发生倾覆、毁坏危险，尚未造成严重后果的，处3年以上10年以下有期徒刑。

第118条 破坏电力、燃气或者其他易燃易爆设备，危害公共安全，尚未造成严重后果的，处3年以上10年以下有期徒刑。

第119条 破坏交通工具、交通设施、电力设备、燃气设备、易燃易爆设备，造成严重后果的，处10年以上有期徒刑、无期徒刑或者死刑。

过失犯前款罪的，处3年以上7年以下有期徒刑；情节较轻的，处3年以下有期徒刑或者拘役。